allico

Führer durch die Ausgrabungsstätten in

OSTIA ANTICA

mit einem Abschnitt über das Renaissance-Dorf

ATS ITALIA EDITRICE

Theatermaske (Proszenium des Theaters)

EINLEITUNG

Die Küste in der Antike und ihr fortschreitendes Vorrücken

Die antike römische Stadt Ostia (vom lateinischen „Ostium": Flussmündung), die sowohl vom Fluss als auch vom Meer umspült wurde, befand sich in einem Territorium, das sich von dem heutigen maßgeblich unterscheidet. Es war von einigen Elementen charakterisiert, die sich heute entweder verändert haben oder verschwunden sind:

-Eine Küstenlinie, die etwa 4 km hinter der heutigen lag. Die Sedimentation und Verdichtung des im Laufe der Jahrhunderte angespülten Flussschlamms haben ein Vorrücken der Küstenlinie verursacht.

- Eine sehr ausgeprägte Flusswindung des Hauptarms des Tibers, die plötzlich in einer Nacht 1557 bei Hochwasser ausradiert wurde, als der Tiber sein Flussbett änderte.

- Ein heute nicht mehr vorhandener See, (nur noch an einem leichten Gefälle im Grund zu erkennen) der durch einen Kanal mit dem Meer verbunden war.

- Große Salinen, die sich vom See bis zum Meer erstreckten. Diese waren seit der etruskischen Epoche bekannt und waren eine kostbare Einnahmequelle, da Salz in der Antike zur Konservierung der Lebensmittel benötigt wurde.

Ostia war keine abgeschiedene Stadt. Entlang der Via Ostiense, die Ostia mit Rom verband, waren vor allem auf der dem Tiber zugewandten Seite viele Bauernhöfe entstanden, einige davon richtige Landgüter.

Außerdem war die Stadt auf der dem Meer zugewandten Seite ab dem 3.Jh. n.Chr. durch die Via Severiana mit dem Umland verbunden. Im Norden befand sich die Stadt Porto (gegründet ab dem 1. Jh. n.Chr.) und ihre Nekropolis, während sich im Süden entlang der Küste viele prächtige Sommerresidenzen befanden.

Ein weitläufiger Archäologischer Park, der alle diese Präexistenzen einschließt und in einer gemeinsamen Besichtigungsroute verbindet, wird zur Zeit geplant.

DIE URSPRÜNGE OSTIAS

Trotz einer Viehlzahl von Studien sind die Ursprünge Ostias bis heute noch unklar. Der römische Poet Ennius (239-169 v.Chr.) schreibt: „Nachdem Ancus Marcius den Thron bestiegen hatte, wurde an der Stelle wo der Tiber in das Meer mündet Ostia gegründet." (Annalen II 84-86). Auch der Historiker Livius (59 v.Chr.-17 n.Chr.) schreibt die Stadtgründung dem vierten römischen Kaiser Ancus Marcus zu, der der Überlieferung nach in der zweiten Hälfte des 7. Jh. v.Chr. gelebt haben soll: „Und nicht nur die Stadt wuchs unter diesem König sondern auch sein Territorium:(...) Das römische Herrschaftsgebiet weitete sich bis zum Meer und zur Tibermündung aus, wo die Stadt Ostia gegründet wurde. In ihrer Nähe wurden Salinen angelegt."(Historien I, 33,9).

Man hat allerdings keine Überreste der Stadt aus der Königszeit gefunden. Einige Experten bezweifeln sogar ihre Existenz, andere behaupten, das sie sich unter den heutigen Ruinen befindet. Interessant ist in diesem Zusammenhang die These des Prof. Barbieri, der vermutet, dass das königliche Ostia am nördlichen Seeufer, in der Nähe der Salinen lag.

DIE REPUBLIKANISCHE STADT

Die ältesten Ruinen Ostias stammen aus der Mitte des 4. Jh. v.Chr. Rom hatte zu dieser Zeit schon die Etrusker besiegt und beherrschte ein Territorium, das sich von der südlichen Toskana bis in den Süden der Provinz Latium erstreckte.

Aus der Periode um 330-320 v.Chr. stammen die Mauern der neuen Stadt an der Tibermündung, die in opus quadratum erbaut sind.

Es handelt sich hierbei um ein „Castrum", das heißt, um eine Befestigungsanlage, die man erbaut hatte um den Flussweg nach Rom zu kontrollieren.

Die Mauern waren rechteckig angeordnet, mit der Längsseite parallel zum Fluss und maßen 194x126 Meter. Als Baumaterial hatte man Tuffsteinblöcke aus Fidene verwendet, einem Ort im Norden Roms, heute in der Nähe des Autobahnrings.

Im Inneren gab es einen Cardus und einen Decumanus. Dort wo sie sich kreuzten, bildeten sie einen Forumsplatz. Diese Struktur blieb auch während der späteren Expansion des Stadtkerns unverändert. Ostia wurde im Laufe des 3. Jh. v.Chr. zu einer bedeutenden Stadt, als Rom mit den Städten der Magna

Mauer des Castrum

Graecia in Berührung kam (unter anderem mit Taranto, das 272 besiegt wurde). Aus dieser Epoche liegen allerdings keine Quellen vor.
In dieser Zeit begann die Vorherrschaft Roms in ganz Süditalien, womit sich schon der spätere Konflikt mit dem punischen Karthago abzeichnete.
Ostia wird erstmals in Quellen ab dem 3. Jh. v.Chr. erwähnt:
- 267 v.Chr. wurden in Rom vier „Quaestores Classici" ernannt (aus dem Lateinischem „Classis" = Flotte, Magistrate, denen die Flotte unterstand) und es wurde die „Provincia Quaestoria Ostiensis" eingerichtet.
Von da an hatte einer der Quästoren seinen Sitz permanent in Ostia. Dies zeigt die strategische Bedeutung der neuen Stadt.
- 217 v.Chr. legten nach Angaben des Historikers Livius von dort einige Schiffe ab, um das römische Heer in Spanien mit Nachschub zu versorgen, wo es im 2. Punischen Krieg mehrfach das von Hannibal angeführte karthagische Heer besiegte.
Aus dem 1. und 2. Jh. v.Chr. liegen nur wenige Quellen über Ostia vor. Die Stadt hatte sich schon rund um die Festungsanlage herum ausgebreitet. 87 v.Chr. während der Bürgerkriege, die Rom erschütterten, nahm der Anführer der popularen Partei, Marius, die Stadt ein, da sich dorthin die Soldaten seines Erzrivalen Silla, der die oligarchische Partei unterstützte, geflüchtet hatten. Wenig später konnte Silla Ostia zurückerobern und plünderte die Stadt aus.
80 v.Chr. entstanden die „Sillanischen Mauern". Sie umschlossen ein Gebiet von etwa 69 Hektar. Mitte des ersten Jahrhunderts erbaute man auf dem Forum einen Tempel. Die letzte Quelle aus der Zeit vor Augustus' Herschaft besagt, dass 67 v.Chr. Piraten aus Cilicia (eine Region der heutigen Türkei) die römische Flotte angriffen.

Die kaiserliche Epoche

Unter Kaiser Augustus (27 v.Chr.-14 n.Chr.) entstanden viele neue Monumente und Bauwerke in Ostia. Viele der Bauten aus jener Zeit sind später umgebaut worden, aus der Epoche des Augustus stammen unter anderem das Theater der „Piazzale delle Corporazioni". Unter seinem Sohn Tiberius (14-37) entstand das Forum mit einem Tempel, der Rom und dem Augustus geweiht war. Ostia erlebte Mitte des 1. Jh. n.Chr. einen enormen Aufschwung, vor allem dank des regen Schiffverkehrs. Aufgrund des niedrigen Meeresspiegels waren die größeren Schiffe gezwungen, auf der offenen See zu ankern.
Die Fracht wurde auf Kähnen in den Hafen transportiert. Wahrscheinlich aus diesem Grund beschloss Kaiser Claudius (41-54), trotz vielfachen Wiederspruchs, 3 Km weiter nördlich von Ostia einen neuen Hafen zu erbauen, aus dem sich dann später die Stadt Portus entwickeln sollte.

Thermen des Forums

Arkaden bei den Thermen des Forums

Unter Kaiser Domitian (81-96) erlebte Ostia einen erneuten Aufschwung. Große Teile der Stadt wurden restauriert, dabei wurde der Grund der Strassen um etwa einen Meter angehoben, um die Konstruktion von höheren Gebäuden zu ermöglichen, die auf dem aufgeschütteten, sandigen Boden tiefere Fundamente benötigten. Aus dieser Periode stammen die Thermen des Neptun und die Kaserne der Bürgerwehr, die Kurie und die Basilika, die später unter Trajan (98-117) fertiggestellt wurde. Letzterem verdanken wir unter anderem auch die Renovierung der westlichen Stadtviertel, in dem Gebiet zwischen der Gablung des Decumanuns und der Via della Foce.

Das Hauptwerk Trajans an der Küste ist allerdings die Erweiterung der Stadt Portus durch den Bau eines sechseckigen Hafenbeckens, einzigartig in der Geschichte der Mittelmeerhäfen. Das Hafenbecken war durch einen Kanal, dessen Bau schon Claudius begonnen hatte und den Trajan beendete, mit dem Meer verbunden. Porto wurde so zur wichtigsten Handelsstadt der Küste, während sich in Ostia die Verwaltungsgebäude und Kultstätten befanden.

Unter Hadrian (117-138), der in Rom das Pantheon und in Tivoli seine prächtige Villa errichten ließ und unter seinem Nachfolger Antonius Pius erlangte die Stadt großen Wohlstand. So entstanden das Viertel im Norden des Forums und um die Kaserne der Bürgerwehr herum. In der Nähe der Porta Marina erbaute man kleinere Häuser mit Gärten, Mietskasernen wie die des Serapis, der „Casa di Diana" und der „Casa degli Aurighi"(Haus der Wagenlenker). Außerdem entstanden neue Lagerhäuser (Horrea), unter anderem die Hepagathianischen. Ostia zählte vermutlich 50000 Einwohner, Rom hingegen etwa eine Million.

Unter Marc Aurel (161-180) und Caracalla erlebte die Stadt nochmals eine Zeit des Wohlstandes und wurde auch „Colonia Felix Commodiana" genannt.

Septimus Severus (193-211) und Caracalla (211-217) leiteten vor allem Restaurierungen ein, aus dieser Epoche stammt auch die Via Severiana, die Ostia mit den Städten Porto und Terracina verband.

Unter Alexander Severus (222-235) begannen die Arbeiten zur Konstruktion des Rundtempels, der Mitte desselben Jahrhunderts fertiggestellt wurde, als schon der Niedergang der monumentalen Baukunst in Ostia begonnen hatte.

DER NIEDERGANG

Der Niedergang Ostias begann langsam ab Mitte des 3. Jh. wie im gesamten Gebiet des weströmischen Reiches. Nicht umsonst wurde die Stadt Rom im Jahr 272 n.Chr. befestigt, um mögliche Barbarenangriffen abzuwehren. Unter Diokletian (284-305) und

Konstantin (312-337), die die Restaurierung einiger öffentlichen Bauten veranlassten, (auch wenn sie vorwiegend die Entwicklung der Stadt Porto förderten, die sie Civitas Flavia Constantiniana Portuensis nannten), kam es in Ostia zu einem erneuten Aufschwung.
Als im Jahr 330 der Sitz der Imperiums von Rom nach Konstantinopel verlegt wurde und Ravenna 402 Hauptstadt des Weströmischen Reiches wurde, begann für die Stadt Ostia ein Zeitalter des raschen Niedergangs..
Man weiß, dass Ende des 4. Jahrhunderts einige prächtige Villen aus rekonstruktierten Häusern des 1. und 2. Jahrhunderts entstanden. 410 und 455 plünderten dann aber erst die Westgoten und später die Vandalen die Stadt.
537 besetzten die Goten die Küste während des von Justitian geführten Krieges zur Rückeroberung Italiens.
Procopius aus Ceasarea beschreibt die Stadt Mitte des 6. Jh. in seinem Werk über die Kriege gegen die Goten folgendermaßen: „ Auf der linken Seite vor der Tibermündung liegt Ostia, eine Stadt, die wegen ihrer Lage an den Ufern des Tibers in der Antike sehr bedeutend war. Jetzt ist sie aber ihrer Mauern beraubt." Die Via Ostiense beschreibt er als „zerfallen und von Gras überwuchert". (Buch I, Kap. XXVI).
Weiter Quellen über diesen Küstenstrich liegen in Zusammenhang des Werkes von Papst Gregorius IV. (827-844) vor. Er ließ zum Schutz vor den Sarazenen eine Festung errichten, die nach ihm Gregoriopoli genannt wurde: Diese scheint identisch mit dem heutigen Dorf jenseits der Via Ostiense zu sein, dort wo sich die Kirche S. Aurea und die Festung aus der Renaissance befinden.
Wie auch in Rom, wo viele antike Monumente zu Marmorsteinbrüchen verkamen, weiß man, das im 11. Jahrhundert Marmor aus Ostia für den Bau des Domes in Orvieto und für die prächtigen Gebäude der „Piazza dei Miracoli" in Pisa verwendet wurden. Dies beweist, das die antike Stadt verlassen war.
1461 besuchte Papst Pius II. Piccolomini die Stadt und vermerkte in seinen Aufzeichnungen: „ Die Ruinen, die sich über ein weites Gebiet erstrecken, beweisen, dass Ostia einst eine große Stadt war.(...) Man kann noch zerfallen Säulengänge, liegende Säulen und Teile von Statuen sehen" (Buch XI, 48-51).
In diesem Zustand des Zerfalls und des Niedergangs blieb Ostia bis Ende des 19. Jahrhunderts. Ab 1884 wurde das gesamte Küstengebiet urbar gemacht. Anfang des 20. Jahrhunderts entstand 2 Km hinter der Küste Ostia Marittima, das heutige Lido di Ostia, das zur Stadt Rom gehört.

Spätantikes Kapitell in Kompositordnung

DIE AUSGRABUNGEN

Erste sporadische Ausgrabungen wurden in Ostia schon Ende des 18. Jahrhunderts durchgeführt. Papst Pius VII. (1800-1823) gab 1805 den Startschuss für systematische Ausgrabungen, die unter Papst Pius IX. (1846-78) ab 1870, d.h. zehn Jahre nach der Einheit Italiens unter der Leitung des bedeutenden römischen Archäologen Rodolfo Lanciani weitergeführt wurden.

Weitere Ausgrabungen führte man 1909 und in den Jahren zwischen 1938 und 1942 durch (anlässlich der Weltausstellung, die in jenem Jahr in Rom ausgerichtet werden sollte, wegen des Krieges aber abgesagt wurde). Bei diesen Ausgrabungen legte man unter der Leitung des Archäologen Guido Calza etwa zwei Drittel der antiken Stadt frei. In jenen Jahren machte man sich aus propagandistischen Zwecken des faschistischen Regims daran, viele der heute sichtbaren Ruinen auszugraben. Diese wurden oft schnell und ungenau freigelegt, wie es auch bei den Ausgrabungen der Kaiserforen in Rom geschah. So wurden Erd- und Schutthaufen, die wenn man sie untersucht und dokumentiert hätte interessante Einblicke in die spätantike Phase des Niedergangs Ostias hätte geben können, schnell und unachtsam abgetragen. Die Restaurierungen sollten außerdem die Ruinen „komplett" und „echt" erscheinen lassen, deshalb übten man teilweise sehr massive Eingriffe auf die antiken Strukturen aus. Der Bericht des Archäologen von 1941 gibt interessante Aufschlüsse darüber, wie man die Restaurierungen durchführte: „ Bei den Monumenten und Bauten, die nach und nach freigelegt werden, festigt man die einstürzenden und schiefen Mauern und bringt sie durch die Einfügung der heruntergefallenen Teile in den Orginalzustand zurück. Außerdem werden die Säulen wieder aufgerichtet und die Mosaike und Malereien gesäubert. Letztere müssen häufig vom Boden und den Wänden abgelöst werden, um sie zu stabilisieren. (...)".

Blick auf die Ruinen

Heute werden archäologische Ausgrabungen auf eine völlig andere Art und Weise durchgeführt. Jede Schicht wird als Zeugnis einer bestimmten Epoche gewertet und als solches, bevor sie für immer entfernt wird, sorgfältig untersucht, dokumentiert und fotografiert. Diese Technik wird „stratigraphische Ausgrabung" genannt und erlaubt eine maximale Dokumentation, die hilfreich für die weitere Geschichtsforschung ist.

KENNZEICHEN DES RÖMISCHEN STÄDTEBAUS

Die Ausgrabungen haben dazu beigetragen, die typische Anordnung der römischen Städte deutlich zu machen. Ursprünglich entstanden sie als „Castrum", d.h. als Festungsanlage: Diese wurde von einem Cardus (Nord-Süd Straßenachse) und einem Decumanus (Ost-West Straßenachse) durchquert. Wo sie sich kreuzten, bildeten sie einen Platz, der Forum genannt wurde. Das Wort Forum kommt aus dem Lateinischen von „Foras", d.h. außerhalb weil sich der erste öffentliche Platz Roms, das Forum Boarium, außerhalb des ehemals bewohnten Zentrums befand. Auf dem Forum waren die wichtigsten Gebäude der Stadt angesiedelt, wie z.B. Tempel, Basiliken und andere öffentliche Gebäude. Die anderen Straßen der Stadt verliefen parallel oder senkrecht zum Cardus und Decumanus und bildeten regelmäßige, rechteckige Häuserblocks. Dieses typische Straßennetz war ab und zu von schräg verlaufenden Wegen unterbrochen, die man aus früheren Zeiten beibehalten hatte. Entsprechend zu den zwei Hauptstrassenachsen wiesen die Mauern Stadttore auf. Auch Ostia stellt keine Ausnahme dar. In ihrem Stadtbild kann man zwei Anlagen erkennen, die eine im Inneren der anderen. Die erste geht auf des 4. Jh. v.Chr. zurück und weist Mauern aus großen, übereinandergeschichteten Steinblöcken auf (Opus Quadratum). Die zweite aus einer späteren Epoche ist von Ziegelsteinmauern umgeben und geht auf das Jahr 80 v.Chr. zurück. Die drei verbliebenen Tore öffnen sich auf die Via Ostiense (Porta Romana), Via Laurentina (Porta Laurentina) und auf den Decumanus Maximus (Porta Marina). Auf der dem Fluss zugewandten Seite gab es keine Befestigungsanlagen. Die Namen der Tore sind natürlich modern. Im Inneren dieser Stadtgrenze entwickelte sich ab dem 2. Jh. v.Chr. die Stadt, die zu ihrer Blütezeit (2.-3. Jh. n.Chr) wie schon erwähnt, bis zu 50000 Einwohner zählte und über Lagerhallen, Märkte, große Mietshäuser, Tempel, Basiliken, Monumentalbrunnen und Thermen verfügte.

Decumano

KENNZEICHEN DER RÖMISCHEN ARCHITEKTUR

Die Bauten wiesen gewöhnlich einen regelmäßigen, quadratischen oder rechteckigen Grundriss auf mit parallelen und gleichmäßig dicken Mauern. Die Höhe variete: In Ostia waen die Insulae (Mietskasernen) trotz des sandigen Grundes bis zu fünf Stockwerken hoch. Die Straßenränder wurden immer eingehalten. Auf den Hauptstraßen gab es breite Laubengänge mit Läden (Tabernae). Die Symmetrie und Regelmäßigkeit wurde nur in Ausnahmefällen unterbrochen: z.B. für Gebäude, die eine besondere Funktion hatten, wie Tempel (rechteckig oder seltener mit einem zentralen runden Raum), Thermen (mit kreisförmigen oder ovalen Räumlichkeiten) oder Theater mit der klassischen halbrunden Form.

Die Römer waren geschickte Baumeister und verwendeten häufig Gewölbe: Tonnengewölbe, die gut zu rechteckigen Räumen passten oder Kreuzgewölbe für quadratische Räume. In Ostia gibt es ein rundes Gebäude aus der Mitte des 3. Jh. das von einer Kuppel wie der des Pantheons in Rom bedeckt gewesen sein muss. Für Gewölbe und Kuppeln verwndete man das Opus Caementicium (siehe Tafel über Konstruktionstechniken). Um sie leichter zu machen, wurden vor allem zur spätantiken Zeit (3.-4. Jh.) Amphoren aufeinandergestapelt und in das Konglomat eingebettet.

DIE KULTE IN OSTIA

Heiligtum der Lares Augusti

In Ostia wie auch in Rom gab es viele Kultstätten, die den verschiedenen Gottheiten geweiht waren. Die ältesten geweihten Stätten gehen auf die republikanische Epoche zurück (4.-1. Jh. v.Chr.). Sie befinden sich an zwei wichtigen Punkten. Zum einen in der Nähe des Theaters, wo man auf demselben Podium vier kleine Tempel findet. Dort verehrte man vermutlich Venus (Göttin der Liebe und der Schönheit), Fortuna (Göttin des Glücks), Ceres (Göttin des Getreides und der Natur) und Speranza (Göttin der Hoffnung). Die zweite Stelle befindet sich in der Nähe der Kreuzung zwischen dem Decumanus und der Via della Foce. Dort gab es den Tempel des Herkules (Gott der Stärke und des Mutes) und zwei kleinere Tempel, die dem Äskulap (Gott der Medizin) und der Igea (Göttin der Gesundheit) geweiht waren. Auf dem Forum hatte das Capitolium seinen Sitz, dies war der größte Tempel, der der Triade der römischen Gottheiten Jupiter (Göttervater), Mars (Kriegsgott) und Juno (Göttermutter, Schwester und Gattin des Jupiter, Schutzpatronin der Frauen und der Familie). Das vordere Gebäude war der Göttin Roma geweiht, während ein Rundtempel vermutlich dem Kult aller Götter gewidmet war wie auch das Pantheon in Rom.

Man weiß außerdem, dass in Ostia der Kult des Vulcanus (Gott des Feuers) weit verbreitet war, dessen höhster Priester Pontifex Vulcani genannt wurde und die höhste religiöse Autorität der Stadt war. Den ihm gewidmeten Tempel hat man allerdings nie gefunden.

Aus schriftlichen Quellen ist weiterhin bekannt, das auch die Dioskuren verehrt wurden. Castor und Pollux waren die Söhne des Zeus und Schutzpatrone der Schifffahrt. Auch ihren Tempel hat man noch nicht entdeckt. Einige Kaiser wie Augustus und Trajan wurden wie Gottheiten angebetet, ihre Priester versammelten sich in der „Collegia". Viele orientalische Kulte fanden ihren Eingang in die römische Gesellschaft und hatten viele Anhänger unter den Händlern, Soldaten und Sklaven, die als Kriegsbeute nach Rom verschleppt wurden.

Der wichtigste war der Mithraskult. Er kam aus Indien und Persien und verbreitete sich in Italien ab dem 1. Jh. n.Chr.. Viele Anhänger gewann dieser Kult auch Ende des 2. und im 3. Jahrhundert bevor er im 4. Jahrhunder, als das Christentum schon Staatsreligion war, verboten wurde und daraufhin vollständig verschwand. Der Mithraskult wurde ausschließlich von Männern praktiziert. Der Sonnengott Mithras wurde als Schöpfer des Universums verehrt. Man glaubte, dass Mithras durch die Opferung eines Stieres die Tiere und Pflanzen geschaffen habe, während die Seele der Sterblichen sich nach der Durchquerung der Sphären von sieben Planeten in den Menschen inkarniert habe. Das Ritus der Initiation bestand also aus sieben Stufen und verlangte ein korrektes moralisches Verhalten. Eigenartig sind die Gemeinsamkeiten mit der christlichen Religion: Mithra soll am 25. Dezember in einer Grotte geboren worden sein und wurde Sonntags verehrt. Wichtige Riten waren die Taufe, die Firmung und die Letzte Ölung.

In Ostia hat man in dem bis heute ausgegrabenen Teil gut 18 Mithräen gefunden. Sie sind, um an die ursprüngliche Grotte zu erinnern, in den dunkelsten Ecken von älteren Lagerhäusern, Thermen oder Insulae angelegt und stammen aus der Zeit zwischen dem 2. und 3. Jh.. Normalerweise handelte es sich dabei um lange, enge Räume mit seitlichen Podesten, auf die sich die Gläubigen legten. Durch den Korridor in der Mitte verliefen die Prozessionen zum Altar hin, dort war der Mithra Tauroctono (=Stiertöter) dargestellt, an seiner Seite befanden sich die Schutzgeister Cautes und Cautopates, die den Tag und die Nacht symbolisierten. Einigen Experten zufolge könnte es in Ostia sogar bis zu 40 Mithräen gegeben haben, da dieser Kult nach dem Heidentum der am meisten praktizierteste war.

Weitere orientalische Gottheiten, die in der römischen Welt und folglich auch in Ostia verehrt wurden, waren:

1. Sabazio, eine bedeutende Gottheit, die man aus Phrygien importiert hatte. Dies ist eine Region Kleinasiens, die im 6. Jh. von den Persern erobert wurde und ab dem 2. Jh. unter die Herrschaft Roms fiel. Diese Göttin wurde auch im antiken Griechenland verehrt mit Riten, die orgiastische Züge aufwiesen. In der römischen Welt verschmolz der Kult mit dem des Mithra. Die Kultstätte in der Nähe des Decumanus, auf der Höhe der Kaserne der Bürgerwehr, befand sich mitten im Stadtzentrum und war wie auch die Mithräen in der Ecke eines Hauses untergebracht.

2. Serapis, eine ägyptische Göttin, die künstlich durch ein Dekret des Königs Ptolomäus I. (304-283) geschaffen wurde, um der Stadt Alexandria eine Schutzgöttin zu verleihen. Ihre Kultstätte befindet sich am Westrand der Stadt, zwischen dem Meer und dem Fluss und wird Serapéo genannt.

3. Bellona, eine antike lateinische Kriegsgöttin. In ihrer Kultstätte wurden die Kriegserklärungen ausgesprochen. Der Name Bellona ist vermutlich vom lateinischen Stammwort Bellum=Krieg abgeleitet. Im Laufe das 2. und 3. Jh. ist

Mithräum der Thermen

Mithras opfert Stier → Erschaffung Tiere + Pflanzen

Kleiner heidnischer Tempel

dieser Kult mit dem der Göttin Ma verschmolzen, die aus Kleinasien eingeführt wurde. Ihre Anhänger praktizierten bei einigen Riten Selbstverstümmelungen.

4. Attis, ein Hirtengott, dessen Kult auch aus Phrygien eingeführt wurde. Der Legende nach habe er sich aus Liebe zu Kybele, der Fruchtbarkeitsgöttin (auch Magna Mater genannt), entmannen lassen und sei nach seinem Tod als Pinie wiedergeboren worden. Daher rührt die Sitte der Selbstverstümmelung unter seinen Priestern. Die Taufe wurde wie auch im Mithraskult mit einem Stieropfer vollzogen. Die Person, die die Weihe empfangen sollte, musste sich in einen Graben legen. Auf dem darüber befindlichen Gerüst, schnitt man einem Stier die Kehle durch und ließ das Blut, dem man eine reinigende Wirkung zuschrieb, über den Täufling fließen. Das Fest dieser Gottheit wurde zwischen dem 15. und dem 17. März gefeiert. In Ostia befand sich seine Kultstätte auf einem charakteristischen Platz aus dem 2. Jh. n.Chr. in der Nähe der Porta Laurentina, abgeschnitten vom Rest der Stadt und bestehend aus dem Heiligtum des Attis und dem Tempel der Kybele.

Synagoge

5. Isis, eine aus Ägypten stammende Gottheit. Sie war die Schutzgöttin der Seefahrer, Fruchtbarkeitsgöttin, Königin des Totenreiches und sowohl Schwester als auch Braut des Osiris. Sie wurde mit einer Krone in einer Scheibe mit eingeschlossenen Rinderhörnern dargestellt. Unter Kaiser Caligola (37-41) errichtete man in der Nähe des Pantheons einen Tempel ihr zu Ehren. Heute sind keine Reste von den Kultstätten der Isis erhalten, weder in Ostia noch in Porto, auch wenn man sicher ist, dass sie einst existiert haben. Es ist allerdings bekannt, dass das Fest der Isis am fünften März zum Frühlingsanfang gefeiert wurde.

In Ostia gab es außerdem eine große jüdische Gemeinde, die Mitte des 1. Jh. n.Chr. eine prächtige Synagoge erbauen ließ. Diese wurde dann im 4. Jh. restauriert, zu einer Zeit als sich die Stadt schon im Niedergang befand. Die Existenz einer jüdischen Gemeinde in Rom ist seit dem 3.-2. Jh. v.Chr. dokumentiert, auch wenn keine Fundstücke vorliegen. Zu dieser Zeit fand eine starke Emigration aus Palästina nach Ägypten, Syrien, Kleinasien, Griechenland und Italien statt. Es handelte sich hierbei um Kaufleute, die ihr Glück fern von ihrer Heimat suchten und oft wichtige Gemeinden gründeten, wie die in Alexandria in Ägypten. Als die römischen Truppen des Pompeus 63 v.Chr. in Jerusalem einfielen, verschleppten sie viele Juden als Sklaven nach Rom. Einige von ihnen wurden aber bald wieder freigekauft. Da sie sich weigerten, am Sabat zu arbeiten und besondere Kost forderten, waren sie unbeliebt bei ihren Herren und man ließ sie frei. Weiteren traurigen Zuwachs erhielt die jüdische Gemeinde, als Vespasian (69-79) und Titus (79-81) endgültig Palästina besiegten und ins römische Imperium eingliederten. Man rechnet, dass es in Rom Anfang des 1. Jh. n.Chr. unter Augustus etwa zwischen 30000 und 40000 Juden gab bei einer Gesamtbevölkerung von einer Million Einwohnern. In Ostia zählte die jüdische Gemeinde vermutlich zwischen 2000 und 3000 Personen, die mehrheitlich Händler und Kaufleute waren.

Christliche Basilika

In Ostia wie auch in Porto setzt sich die christliche Religion langsam ab Mitte des 4. Jh. durch. Die verspätete Präsenz des Christentums wird dem Fortdauern des Mithraskultes und den weitverbreiteten orientalischen Religionen auch in der spätantiken Epoche zugeschrieben. Auf dem Gebiet der Ausgrabungen kann man drei Nachweise für das Christentum finden:

- Eine zweischiffige Basilika auf dem Decumanus, die sich hinter der Gabelung der Via della Foce befindet.
- Ein Mithräum mit christlichen Schriften;
- Spuren der antiken Basilika, S. Ciriaco, erbaut auf den Resten eines Monumentalbrunnens in der Nähe das Theaters.

Man weiß außerdem, das Sant Agostino (354-430) in Ostia auf der Durchreise nach Tunesien, seiner geliebten Heimat, halt machte. Zusammen mit ihm kam seine Mutter Monika, die schon krank war und dann in Ostia verstarb. Sie wurde vermutlich an der Stelle begraben, wo Ende des 4. Jh. die Kirche S. Aurea erbaut wurde.

Spuren der christlichen Basilika San Ciriaco

PLAN DER AUSGRABUNGSSTÄTTEN IN OSTIA ANTICA

1) Sullanische Mauern
2) Porta Romana
3) Piazzale della Vittoria
4) Caseggiato des Hundes Monnus
5) Republikanische Lagerhäuser
6) Thermen der Fuhrleute
7) Mithräum
8) Laubengänge (Geschäfte)
9) Lagerhäuser
10) Mosaik in der Via dei Vigili
11) Kaserne der Bürgerwehr
12) Neptun-Thermen
13) Laubengang mit Läden
14) Sabazeum
15) Caupona des Fortunatus
16) Insula der bemalten Decke
17) Fullonica
18) Christliches Oratorium
19) Horrea des Ortensius
20) Horrea der Artemis
21) Denkmal aus republikanischer Zeit
22) Lagerhaus der Lebensmittel
23) Theater
24) Forum der Zünfte Mosaiken!
25) Ceres-Tempel
26) Altar der Zwillinge

A.reiches Haus (Marmor, Innenhof

27) Domus des Apuleius
28) Halbrundes Nymphäum
29) Heiligtum des Jupiter
30) Nynphäum mit drei Absiden
31) Kleine republikanische Tempel
32) Mithräum der Sieben Sphären
33) Tempel des Kollegiums
34) Sitz der Augustalen
35) Mithräum der Schlangen
36) Aula das Mars und der Venus
37) Caseggiato der Sonne
38) Große Lagerhäuser
39) Thermen des Neiders
40) Insula des Neiders
41) Mauer des antiken Castrums
42) Bäckerei
43) Caseggiato der Diana
44) Thermopolium
45) Insula des Jupiter und des Ganymedes
46) Mithräum des Lucrezius Meandrus
47) Wohnanlage der Doli
48) Insula der Malereien
49) Insula des Kindes Bacchus
50) Forum
51) Tempel aus republikanischer Zeit
52) Kapitol
53) Tempel Roms und des Augustus
54) Basilika
55) Kurie
56) Caseggiato mit Balkonen und Vorsprüngen
57) Caseggiato der Getreideabwieger
58) Portikus des kleinen Marktes
59) Kleiner Markt
60) Rundtempel
61) Caseggiato des Lararius
62) Horrea Epagathiana
63) Thermen des Buticosus
64) Caseggiato des Mosaiks von Porto
65) Mithräum der bemalten Wände
66) Altar der republikanischen Tempel
67) Tempel des Rundaltars
68) Domus des Amor und der Psyche
69) Thermen
70) Mithräum der Thermen
71) Caseggiato des Serapis
72) Thermen der Sieben Weisen
73) Caseggiato der Wagenlenker
74) Casette Tipo
75) Aula der Mensores
76) Horrea
77) Thermen der Trinacria
78) Kaiserpalast
79) Mithräum
80) Caseggiato des Bacchus und der Arianne
81) Serapis-Tempel
82) Mithräum der Planta Pedis
83) Lagerhaus der Dolien
84) Heiligtum der drei Schiffe
85) Kalkofen
86) Insula der Musen
87) Insula der Wandschriften
88) Insula der gelben Wände
89) Insula der bemalten Gewölbe
90) Insula der drillingsfenster
91) Domus des Nymphäums
92) Domus der Dioskuren
93) Häuser mit Gartenanlage
94) Caseggiato des Brunnens mit Öllämpchen
95) Caupona des Alexander
96) Porta Marina
97) Thermen Marittime
98) Forum der Porta Marina
99) Grabmal
100) Domus Fulminata
101) Heiligtum der Bona Dea
102) Grabmal des Cartilius Poplicola
103) Thermen der Porta Marina
104) Synagoge
105) Caseggiato der befensterten Tabernae
106) Schola des Trajan
107) Tempel der Schiffsschmiede
108) Christliche Basilika
109) Mithräum der Sieben Türen
110) Taberna der Fischverkäufer
111) Isis-Tempel
112) Tempel des Kollegiums
113) Domus des Rundtempels
114) Thermen des Forums
115) Forum der Heldenstatue
116) Caseggiato der Triclinien
117) Forica
118) Domus des Jupiter
119) Haus mit Niesche und Mosaik
120) Nymphäum der Eroten
121) Domus der Säulen
122) Domus der Fische
123) Caupona zum Pfauen
124) Caseggiato des Herkules
125) Thermen des Leuchtturms
126) Platz der Magna Mater
127) Heiligtum des Attis
128) Schola der Hastiferi
129) Bellona-Tempel
130) Kybele-Tempel
131) Mithräum der Tiere
132) Domus der Medusa
133) Mühle
134) Domus mit Vorhalle
135) Thermen des Philosophen
136) Domus der Fortuna Annonaria
137) Caseggiato der Ringer
138) Mithräum des Felicissimus
139) Fullonica
140) Nekropolis
141) Renaissance-Dorf
A) Decumanus
B) Cardus
C) Via della Foce

Horren = Lagerhaus

Marmorblock mit einem Grußwort an den römischen Kaiser

Gleich hinter dem Eingang befindet man sich auf dem Endstück der Via Ostiense, die Ostia mit Rom verband und an deren Seite sich die Nekropolis erstreckte (siehe S.64/65). Man ist also noch nicht in der Stadt, die weiter vorne anfing, ab der Porta Romana. Vor den Resten der Porta Romana auf der rechten Seite findet man auf einem Marmorblock, der einst der Sockel einer Statue war, folgenden Schriftzug: SALUTI CAESARIS AUGUST(I) GLABRIO PATRONUS COLONIAE D[onum] D[edit] F[amili] [a] C[ilii] (Heil sei Ceasar Augustus, Glabrio Patron der Kolonie). Es handelt sich um einen gewissen Glabrio aus der Familie der Acilii, der einen Kaiser grüßte, der vermutlich im 1. Jh. n.Chr. Ostia besuchte.

Man sieht außerdem die Reste der Stadtmauer, die auf die erste Phase der Konstruktion im 1. Jh. v.Chr. zurückgeht. Es handelt sich um große Tuffsteinblöcke, die sich leicht unter dem Straßenniveau befinden. Unter Kaiser Domitian (81-96), als das Straßenniveau in der ganzen Stadt um ein Meter angehoben wurde, erbaute man eine neue Stadtmauer. Dieser befestigte Mauerring ist heute auf einer Länge von 1,8 Km ausgegraben. Er schloss den größten Teil des besiedelten Gebietes ein und wies drei Eingänge auf: Die Porta Romana, die so genannt wurde, weil sie sich auf der Via Ostiense befand, die nach Rom führte. Die Porta Laurentina ging auf die südliche, zur Stadt Laurentum führende Straße hinaus und die Porta Marina in Richtung Meer. Entlang des Flussufers fehlten die Befestigungsmauern. Die einbögige Porte Romana war von zwei quadratischen Türmen eingerahmt, die nur schlecht erhalten sind. Auf dem äußeren Giebel war vermutlich eine große Marmorplatte angebracht (heute findet man diese gleich hinter dem Tor auf der linken Seite). Im ersten Teil der

Steintafel mit Widmung

Piazzale della Vittoria

Inschrift wird an den Bau der Mauer auf Betreiben des Senates und des Volkes der Kolonie Ostia erinnert: „SENATUS POPULUSQUE COLONIAE OSTIENSIUM MUROS DEDIT".
Man kommt dann zu dem Piazzale della Vittoria (Siegesplatz). Hier legten die Reisende und Pferdefuhrwerke, die über die Straße aus Rom kamen, eine Rast ein, bevor sie in die Stadt einfuhren. Auf dem Platz befand sich ein Monumentalbrunnen aus dem 4. Jh. v.Chr. und die Statue einer beflügelten Siegesgöttin, die Minerva, die Schutzgöttin der freien Städte, darstellte. Die Statue stammte aus dem Ende des 1. Jh. n.Chr. und schmückte wahrscheinlich zusammen mit einer zweiten, identischen Statue das Stadttor. Rechts davon sieht man ein buntes Mosaik mit geometrischen Mustern. Es gehörte vermutlich zu einem Haus aus dem Ende des 3. Jh., welches bei den Ausgrabungen Mitte des 18. Jahrhunderts gefunden wurde, heute aber nicht mehr erhalten ist.

Statue der Siegesgöttin

Die ersten Gebäude, die man rechts vom Decumanus findet, einer der Hauptstraßenachsen der Stadt, sind:
- Das Caseggiato del cane Monnus (das Haus des Hundes Monnus). Sein Name kommt von einem Mosaik, das einen Hund darstellt mit der Inschrift Monnus. Das Gebäude ist aus dem Anfang des 2. Jh., das Mosaik aus dem 3. Jh..
- Die sogenannten republikanischen Lagerhäuser mit Mauern in Opus Quadratum. Hier wurden die Waren gelagert. Schon im 1. Jh. n. Chr. zur Regierungszeit Hadrians (117-138) ließ man Restaurierungen durchführen. Der nördliche Teil des Gebäudes wurde in Thermen umgebaut. Diese nannte man die Thermen dei Cisarii (Thermen der Fuhrleute), von dem lateinischem „cisium"= Karren), wegen der zahlreichen Darstellungen von Wagen. Die Thermen waren vermutlich für die Fuhrleute reserviert. Interessant sind die Mosaiken im Frigidarium, ein Becken mit kaltem Wasser, das einen Mauerring mit Türmen und vier männlichen Figuren an den Seiten darstellt. Darunter sieht man Pferdefuhrwerke und Meeresfabelwesen. Man beachte auch die restaurierten Teile. Hier hat man fehlende Teile im Mauerwerk ergänzt und eine Kastendecke eingefügt. Eine horizontale Linie im Mörtel trennt die antiken Teile von den restaurierten. In der südwestlichen Ecke des gleichen Hauses befand sich ein Mithräum, das dem Kult der Gottheit Mithras geweiht war. Es geht auf das 3. Jh. n.Chr. zurück und befindet sich leider in einem schlechten Zustand, da nur die seitlichen Podeste und die Fundamente des Altares erhalten sind (siehe den Abschnitt über die Kulte).

Mosaik in den Thermen der Fuhrleute

der Decumanus, die Kaserne der Bürgerwehr und die Neptun-Thermen

Der Decumanus

Man geht dann den Decumanus entlang, auf beiden Straßenseiten befanden sich einst Laubengänge. Unter diesen überdachten Passagen waren einst kleine Läden untergebracht. Rechts hinter den Ruinen der Laubengänge, von denen nur der untere Teil der Pfeiler erhalten ist (aus der ersten Hälfte des 2. Jh. n.Chr.), lagen Lagerhäuser und großen Wohnhäuser. Das Gebiet auf der linken Seite ist bis jetzt noch nicht näher untersucht worden, man plant aber, dort bald Ausgrabungen vorzunehmen. Durch die in die Straße eingelassenen Eisengitter kann man die Wasserleitungen aus Blei sehen, die die Stadt mit Wasser versorgten. Auf der Höhe der Kaserne der Vigili (Bürgerwehrkaserne) befindet sich mitten auf der Straße ein Brunnen, der vermutlich aus dem 5. Jh. stammt. Das zeigt, dass zu jener Zeit der Decumanus und die Stadt schon so verlassen waren, dass man mitten auf der antiken Straße einen Brunnen grub, um an Wasser zu gelangen. (410 fielen die Westgoten unter ihrem Anführer Alarich in Rom ein, 455 griffen die Vandalen vom Meer aus die Tibermündung an). Unsere Besichtigungsroute führt nun nach links auf die Via dei Vigili, an den Thermen vorbei, auf die wir später etwas genauer eingehen werden. Man geht dann bis zur Kaserne weiter, die der Straße ihren Namen verleiht. Auf der linken Seite sieht man eine Zisterne und kurz darauf auf der rechten

Brunnen auf dem Decumanus

Seite ein schönes Mosaik aus den Jahren 40-50 n.Chr.. Es stammt aus den Thermen, die sich vor dem Bau der Neptun-Thermen aus dem 2. Jh. dort befanden. Es ist interessant zu beobachten, wie bei der Anordnung der Ausgrabungsstätten besonderer Wert auf die Beurteilung der Werke aus den verschiedenen Epochen gelegt wurde, um die im Laufe der Zeit entstandenen Übereinanderlagerungen zu dokumentieren. Im mittleren Rechteck sieht man vier Delphine, seitlich davon acht symbolische Figuren. Von links: ein beflügelter Kopf (Symbol für den Wind), ein weibliches Gesicht mit Rüssel (Symbol für Afrika), ein männliches Gesicht und ein Krokodil (= Ägypten), ein männliches Profil mit Flügeln (= Wind). Auf der rechten Seite findet man: Ein Viereck mit der Darstellung von drei Beinen (Symbol für Sizilien, da diese Insel von drei Bergketten gekennzeichnet ist), zwei weiter Köpfe mit Flügeln (Symbol für den Wind), ein Kopf mit einer Krone aus Olivenzweigen (Symbol für Spanien, da man von dort Öl importierte). Diese Darstellungen stehen nach Meinung der Archäologen in Zusammenhang mit dem Bau des Hafens des Claudius, der weiter nördlich zu jener Zeit gebaut wurde und von dem aus Schiffe in die oben genannten Länder aufbrachen. Rund herum wechseln sich Vierecke mit der Darstellung unterschiedlicher Schilder und geometrische Muster ab. Die Bürgerrwehrkaserne wurde zum ersten Mal vermutlich unter Kaiser Domitian (81-96) erbaut und 130 unter Hadrian sowie nochmals Anfang des 3. Jh. von Septimius Severus und Caracalla restauriert. Auf der Stirnseite vor dem Eingang in das Gebäude findet man im Raum in der linken Ecke eine Latrine (1), und seitlich des Einganges drei Räume, die als Weinausschank benutzt wurden (2). In dem auf der linken Seite ist der Name Paulus zu lesen. Ein Vestibulum (Vorhalle) führt auf die Ruinen des Portikus(3) und zum rechteckigen Innenhof, 41x70 Meter. In den dem Eingang zugewandten Ecken befinden sich zwei Brunnen (4), während man an der hinterne Wand einen Caesareum genannten Altar findet. Dort verehrte man die göttlichen Kaiser (5). Das Mosaik stellt die Opferung eines Stieres in drei Phasen dar: In der Mitte, neben dem Altar, stellt das leider lückenhafte Mosaik den angebun-

Mosaik in der via dei Vigili

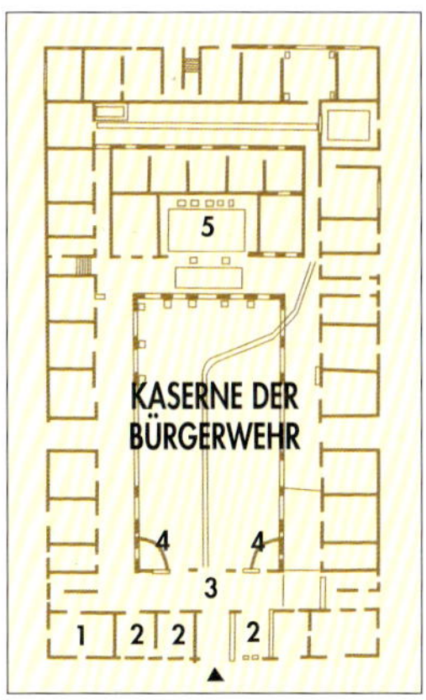

denen und wütenden Stier dar, rechts die Erschöpfung des Stieres und links die Tötung. Ursprünglich hatte die Kaserne zwei Stockwerke. Interessant sind die Reste der Treppen, die in die oberen Räume führten. Hinter dem Altar befinden sich fünf gleichgroße Räume bei denen besonders ihre regelmäßige Anordnung ins Auge sticht. Vermutlich handelt es sich hierbei um die Unterkünfte der Offiziere. Auf der Rückseite gab es eine Latrine und mehrere Läden mit einem regelmäßigen Grundriss, die auf die Via della Fontana zeigten.

Die Bürgerwehr

Schon zur republikanischer Zeit gab es eine Bürgerwehr mit Nachtwächtern, die die Straßen kontrollierten und Sklaven, die zum Feuerlöschen eingesetzt wurden. Die Bürgerwehr wurde dann unter Augustus (23 v.Chr.-14 n.Chr.) neu organisiert. 22 v.Chr. setzte man zuerst Sklaven der Stadtgemeinschaft ein, ab 6. n.Chr. übten dann eigens dafür eingestellte Wächter diese Funktionen aus.

Das Oberhaupt der Bürgerwehr wurde Praefectus vigilum genannt und hatte die Aufgabe, die Arbeit zu koordinieren. Ihm unterstand auch die Gerichtbarkeit in Fällen von Brandstiftung, Diebstahl und Beschädigungen außer in schweren Verbrechen, auf die die Todesstrafe stand und die unter die Kompetenz des Praefectus Urbis fielen. In Rom gab es etwa siebentausend Männer der Bürgerwehr, die in sieben Kasernen untergebracht waren, außerdem den Sitz der Wächter, deren Gebäude man noch nicht gefunden hat. Ostias Bürgerwehr bestand aus etwa 700 Männern und unterstand dem Kommando der Hauptstadt. Um sich ein Bild davon zu machen, wie wichtig die Bürgerwehr war, muss man sich vor Augen halten, dass der Großteil der Stadt aus Holzkonstruktionen bestand. Die Häuser standen dicht beieinander und das Feuer dienten zum Kochen, Heizen und Beleuchten. Aus diesem Grund brachen in der Stadt häufig Brände aus. Die Schutzpatronen der Bürgerwehr waren Vulcanus, der Gott des Feuers, sowie Stata Mater, eine Schutzgöttin vor Unfällen.

Anschließend begibt man sich wieder auf den Decumanus, um die Neptun-Thermen zu besichtigen, der Eingang zu einigen Räumen befindet sich in der Via dei Vigili. Die Neptun-Thermen entstanden unter Hadrian (117-138) auf den von Domitian (81-96) erbauten, schon existierenden Thermen. Im 2. und im 4. Jh. n.Chr. führte man Restaurierungen durch. Der große, rechteckige Innenhof war auf drei Seiten von einem Säulengang umgeben. Dahinter lagen die verschiedenen Zimmer. Auf der einen Seite gab es ein Atrium mit dem schönen Mosaik, nach dem die Thermen benannt wurden (1), (heute von der Terasse aus sichtbar, auf die man vom Decumanus aus gelangt). Außerdem findet man die verschiedenen Schwimmbecken in der typisch römischen Reihenfolge: Das Frigidarium (2) (mit kaltem Wasser), das Tepidarium (3) (mit lauwarmem Wasser), und das Calidarium (4) (mit heißem Wasser). Auf der anderen Seite, links des Innenhofes, befanden sich weitere Räumlichkeiten der Thermen.

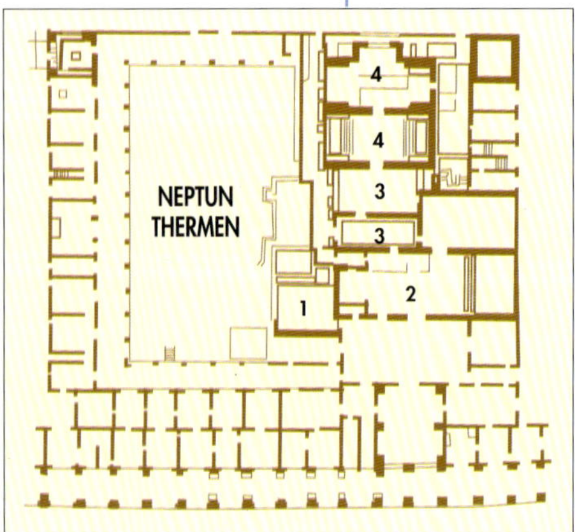

Wenn man von der Via dei Vigili aus durch ein kleine Gittertür auf der linken Seite eintritt, kann man das große Frigidarium mit zwei Granitsäulen mit korinthischen Kapitellen bewundern. Die Becken waren an den Seitenwänden untergebracht, während in der Mitte ein großes Mosaik erhalten ist. Es stellt Nereide (= Meeresnymphe) dar, sowie Tritonen (Meeresgötter mit menschlichem

Neptun-Thermen

Körper und Fischschwanz), Seeschlangen und Seepferdchen. Von dort aus gelangt man in zwei beheizbare Räume. Hier befanden sich die Becken mit lauwarmem Wasser. An den Wänden kann man noch die mit Löchern versehenen Terracotta-Röhren erkennen, die heiße Luft in diese Zimmer leiteten. Diese kam aus dem Untergeschoss, wo Sklaven unentwegt das Feuer schürten, mit dem die Luft und das Wasser erhitzt wurden. Im letzten Raum befindet sich das Calidarium. Hier sieht man unter einem Schutzdach die Reste zweier Warmwasser-Becken. In dem linken, kann man durch den durchgebrochenen Boden, die Ruinen des Untergeschosses erkennen. Die Fussböden sind in „opus spicatum", d.h. in Ziegelsteinen, die fischgrätenmusterartig angeordnet sind, von Mosaiken oder Fresken sind keine Spuren erhalten. Zurück auf dem Decumanus, kommt man zu den Resten eines Laubenganges unter dem sich einst Läden (tabernea) befanden. Die Treppen auf der rechten Seite führte zu den Wohnungen in den oberen Stockwerken. Heute befindet sich an dieser Stelle eine Terrasse, von der aus man einen schönen Blick auf die Stadt hat und besser die Anordnung der Thermen erkennen kann. Rechts sieht man ein Mosaik, das dem Komplex seinen Namen gab. Es stellt Neptun mit einem Dreizack dar, der ein Viergespann mit Seepferdchen lenkt. Außerdem sind einige Seefabelwesen dargestellt. Wenn man von der Terrasse herabsteigt, kommt man auf der rechten Seite zum Eingang auf den vom Säulengang umgebenen Hof, an dem die Diensträume lagen. In der rechten Ecke befand sich ein Abort. Im Untergeschoss gibt es antike Zisternen, die aus der Epoche vor dem Bau der Thermen stammen heute aber nicht mehr zugänglich sind.

Neptun-Thermen

Mosaik in den Thermen

Sabazeum, via della Fullonica und Horrea auf dem Decumanus

Horrea des Hortensius

Auf der linken Seite vor der Terrasse, geht eine kurze Straße namens Via del Sabazéo ab. Nach wenigen Metern sieht man auf der rechten Seite eine schlecht erhaltene Einfriedungsmauer, von der einige Archäologen annehmen, es sei ein Mithräum gewesen, andere vermuten dort eine Kultstätte des Sabàzio. Dieser Kult stammte aus Phrygien in Kleinasien, die Anhänger übten orgienartige Riten aus. Die Kultstätte stammt vermutlich aus der Mitte des 3. Jahrhunderts. Der Schriftzug auf grauschwarzem Grund gibt den Namen des Anhängers an, der das Mosaik stiftete: „FRUC(TUS) SUIS INPENDIS CONSUMMAVIT", „Fructus ließ es auf eigenen Kosten anfertigen".
Auf der rechten Seite des Decumanus liegt die „Caupona" (=Taverne, Wirtshaus) des Fortunatus. Der Name kommt von einer Inschrift aus dem 3. Jh., FORTUNATUS (VINUM E CR)ATERA QUOD SITIS BIBE, die man folgendermaßen übersetzen kann: „Fortunatus sagt: Wenn du Durst hast, trinke aus dem Mischkrug."
In der Via della Fontana findet man links die Insula des Kindes Herkules, die Insula der bemalten Decke mit Fresken aus dem 2. Jh. n.Chr. und und die Brennerei, die so genannt wurde, weil man dort einen großen runden Ofen gefunden hat. Wenn man von dort aus rechts weitergeht, kommt man zu einer der interessantesten Wäschereien des antiken Ostias. Dort befinden sich in der Mitte des Raumes drei große Becken, der Fussboden weist ein leichtes Gefälle auf, um den Abfluss des Wassers zu erleichtern. Von diesem Raum gehen vier kleinere Zimmer ab, in denen die Wäsche gemangelt wurde. Die Wäsche wurde in große Wannen gefüllt und dann von den Bediensteten mit den Füßen gemangelt. Auf der linken Wand befindet sich eine Reihe von weiteren

Längsansicht der Via della Fontana

Sarkophag im christlichen Oratorium

Becken. Der Pfeiler in der Mitte lässt darauf schließen, dass dieser Raum wohl früher überdacht war. Im angrenzenden Raum gab es einen kleinen Portikus (man beachte die Anordnung der Pilaster) und in der linken Ecke ein kleines Heiligtum mit Altar.

Wenn man auf den Decumanus zurückgeht, findet man auf der Höhe des Theaters das sogenannte Oratorium Christianum, einen antiken Monumentalbrunnen, der symmetrisch zu dem links am Theater ist. Dies wurde im 4. bis 5. Jh. n.Chr. zu einem heiligen Ort, da der Legende nach die Heiligen Quiriacus und Aurea dort getötet wurden. Zu Ehren des ersten Heiligen erbaute man eine Kirche an der Stelle des Monumentalbrunnens. Sein Sarkophag ist erhalten, auf dem Sargdeckel kann man folgende Inschrift lesen: HIC QUIRIACUS DORMIT IN PACE (hier ruht Quiriacus in Frieden). Dem Gedächtnis Santa Aureas ist hingegen die Kirche des Dorfes am Ausgang aus der Ausgrabungsstätte gewidmet. Dort erinnert eine Steintafel an die Heilige Monika, Mutter San Agostinos (5. Jh.).

Weiter auf dem Decumanus kommt man zu den Horrea, wo die Waren gelagert wurden. Dieser Komplex liegt auf der Verlängerung der Via delle Corporazioni, die an den Fluss führte. Die Horrea stammen aus der Republikanischen Epoche, genauer gesagt aus dem 1. Jh. v.Chr.. Heute liegen sie etwa 70-80 cm unter dem Grund, da unter Kaiser Hadrian (117-138) das Straßenniveau Ostia angehoben wurde. Sehr eindrucksvoll ist vor allem die Horrea des Hortensius, in deren Inneren man eine noch lesbare Inschrift sehen kann. Sie weist einen großen, rechteckigen Innenhof mit schönen Tuffsteinsäulen tuskischer Ordnung auf. Die zweite Horrea heisst Horrea der Artemis, nach einer Statue dieser Gottheit, die dort gefunden wurde. Sie hat keinen von einem Säulengang umgebenen Innenhof, die Zimmer gehen direkt auf den Hof hinaus.

Immer noch auf dem Decumanus befinden sich gegeüber des Theaters die Überreste von den Grundmauern eines Doppelbogens. Wie aus den in den Lagern erhaltenen Inschriften hervorgeht, ließ Caracalla (211-217) ihn für die Bürger Ostias errichten.

Man geht dann an den Resten eines Monumentes aus republikanischer Zeit vorbei und kommt zu dem dritten Lagerhaus, das als Lebensmittel oder Amphorenlager bezeichnet wird. In diesem großen Gebäude mit trapezförmigem Grundriss hat man über 100 Wein- und Ölschläuche gefunden.

Weinschläuche im Lager der Gefäße

Fassböden im Lager der Gefäße

Das Theater vom Decumanus aus

Das Theater war eines der ersten Gebäude, die bei den Ausgrabungen Ende des 19. Jahrhundert freigelegt wurden, da seine Ruinen auf der Erde ragten. Seine heutige Form verdankt es der unter den Archäologen Calza und Gismondi durchgeführten Restaurierung von 1940. Der äußere Ring aus Ziegelsteinen ist eine Rekonstruktion, während zum Beispiel die seitlichen Stützwande des Zuschauerraums, zwischen denen kleine Läden situiert waren, die auf einen Portikus hinausgingen, orginal sind.

Echt antik sind auch die Treppenaufgänge in die oberen Ränge, die manchmal mit Tonnengewölben überdacht sind. Eine Besonderheit der römischen Theater ist, dass auch der Raum unter den Treppen genutzt werden konnte, im Gegensatz zu den antiken griechischen Theatern, die an einem Abhang gebaut wurden.

Über den mittleren Eingang kommt man ins Innere des Theaters. In dem Gewölbe sind noch Reste von eleganten Stuckdekorationen zu finden, die auf reiche Verzierungen schließen lassen. Den Zuschauerraum findet man intakt vor mit Rängen aus Tuffstein. Es handelt sich dabei aber um eine Rekonstruktion, da in dem Theater anlässlich der Weltausstellung in Rom 1942 Veranstaltungen abgehalten werden sollten.

Die Weltausstellung fand dann aber wegen dem Zweiten Weltkrieges nicht statt. Im Sommer werden heute hier Theaterstücke aufgeführt. In den Gängen (1) seitlich des Orchesters (2) sieht man Mauern in

Theatermaske

Der Zuschauerraum des Theaters

Opus quadratum und Opus reticolatum, die bis in das 1. Jh. v.Chr., auf die Zeit der Herrschaft des Augustus, zurückgehen. Damals gab es zwei verschiedene Ränge, im Theater fanden bis zu 2500 Zuschauer Platz. Unter Kommodus (180-193) und dann unter Septimus Severus und Caracalla (Ende des 2. Jh., Anfang 3. Jh.) erweiterte man das Theater. So fügte man im Zuschauerraum (3) weitere Sitzreihen sowie eine Loggia hinzu. Nach diesen Anbauten fasste das Amphitheater dann 4000 Personen.
Vermutlich fanden im 3. und 4. Jh. Wasserspiele dort statt. In der dritten Sitzreihe sind vertikale Marmorplatten angebracht, die wohl dazu dienten, den Orchesterraum zu überfluten.
In dem Prozenium (4) wechseln sich halbrunde und rechteckige Nischen ab. Die Bühne bestand aus Holzlatten, die über einem Becken lagen. Dies war das Hypozenium, d.h. der Raum unter der Bühne. Die Rückwand der Bühne (6) war vermutlich zweistöckig. An den Seitenwänden in Opus quadratum sind Fragmente von Marmor und Theatermasken angebracht, die man hier gefunden hat.
An der Außenwand recht des Zuschauerraums (7) erinnert eine Marmorplatte an die Anbauten der Kaiser Kommodus, Septimus Severus und Caracalla.
Hinter der Bühne des Theaters befand sich das Forum der Zünfte. Die einflussreichstesten

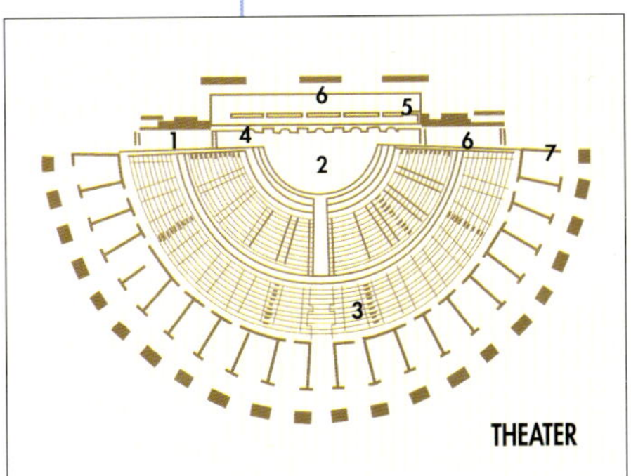

Platz der Zünfte

Händler und Kaufleute hatten dort ihre Verwaltungsgebäude.
Der Eingang befand sich anders als heute auf der dem Tiber zugewandten Seite. Deshalb sind die Schriften in der Mitte der kürzeren Seite umkehrt im Vergleich zu den anderen angebracht. Der ganze Komplex entstand in der ersten Zeit der Herrschaft des Augustus (Ende des 1. Jh. v.Chr.) wahrscheinlich gleichzeitig zum Theater, wie die Angleichung des Komplexes an das Halbrund des Theaters zeigt.
Unter Claudius (41-54), der auch nördlich von Ostia eine neuen Hafen bauen ließ, errichtete man einen Laubengang mit Säulen aus Ziegelstein. Ende des 2. Jh. baute man das Forum um und hob den ganzen Platz um etwa 40 cm an. Aus dieser Epoche stammen die Mosaiken in den Gebäuden der Zünfte, die heute nur teilweise erhalten sind. Wenn man von rechts nach links den einst überdachten Raum langgeht, bemerkt man Figuren mit Inschriften im Inneren der „Stationes", d.h. eine Art Büros, die darauf schließen lassen, dass es verschiedene Zünfte gab (an dieser Stelle werden nur die interessantesten, mit einem Sternchen gekennzeichneten, erwähnt).
- Die Werg- und Seilhändler (stuppatores), die in einem Seehafen wie Ostia sehr bedeutend waren
- Die Gerber (PEL(liones))
- Die Schiffer mit Holzschiffen (NAVICULARIORUM LIGNARUM), beachtenswert ist das Moasik mit zwei Schiffen, die auf den Leuchtturm zufahren
- Die Getreidehändler, symbolisiert von einem mit Tunika bekleideten Jüngling, der dieses kostbare Gut in einem Scheffel mit einem Abstreichholz glattstreicht. Das Mosaik ist nicht sehr gut erhalten aber interessant, weil dieses Werkzeug das Symbol dieses Berufstandes war.
- Die Schiffsbauer aus Misa, östlich von Karthago im heutigen Tunesien, erkennbar aus der Inschrift NAVICULARI MISVENSES HIC
- Die Schiffsbauer aus Musluvinium in Mauretanien (NAVICULARIMV(S)LV(VIT)A(NI). Interessant ist die Darstellung des Schiffsbauers, der eine Peitsche in der Hand hat und auf einem Delphin reitet.
- Die Schiffsbauer aus DIARRY(to) oder Hippo Diarritus, heute

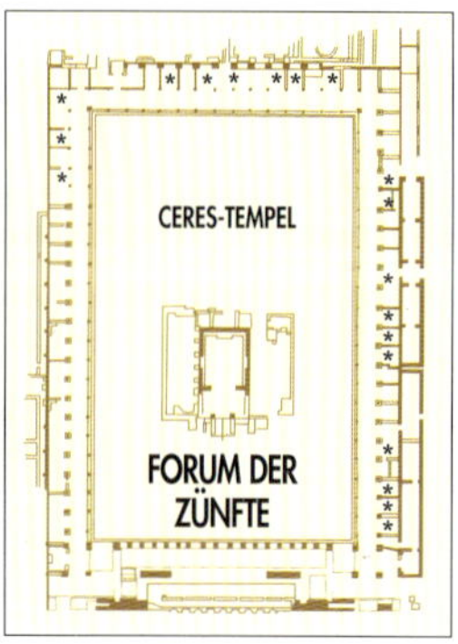

Biserta in Tunesien
- Die Elfenbeinhändler aus Sabrata in Libien, die symbolisch mit einem Elefanten dargestellt sind
- Die Schiffsbauer aus Karthago, auf die die Inschrift NAVICUL(ari) KARTHAG (iniensis) DE SUO hinweist.
- Die Schiffsbauer TURRITANI (vielleicht Porto Torres) und KARALITANI (Cagliari) auf Sardinien.

Mosaik einer Zunft

Auf der Breitseite sieht man:
- Eine Szene, in der Amphoren von einem Schiff auf ein anderes umgeladen werden
- Eine Darstellung des Nils
- Verschiedene Tierdarstellungen, diese Mosaiken befanden sich am Eingang des Platzes
- Den Schriftzug NARBONENSES, der auf den Sitz des Händlers Narbus Martius in Gallien (heute Frankreich) hinweist
- Der Sitz der Schiffsbauer aus Korba in Tunesien, CURBITANI

Auf der zweiten Längsseite sieht man:
- Die Innschrift SOCOF, d.h. S(tatio) C(orporis) F(rumentorum), die auf die Getreidehändler hinweist
- Die Flussschiffer aus Alexandria (XANDRIN) in Ägypten. Von dort kam der größte Teil des Getreides
- Der Sitz der selbständigen Fährmänner CODICARI DE SUO

Die letzten Mosaiken stellen Tierszenen dar. Es handelt sich hierbei vielleicht um Reste des Platzes vor dem Umbau, die auf die erste Hälfte des 1. Jh. zurückgehen. In der Mitte des Forums der Zünfte erhebt sich ein Tempel, der der Legende nach der Göttin Ceres geweiht ist. Er hat nach der typisch römischen Bauweise ein Podium, das man über eine Treppe erreicht und einen Pronaus, d.h. einen vorgelagerten Portikus und eine Cella.

In der südwestlichen Ecke des Laubengangs befindet sich das Heiligtum oder besser der Altar der Zwillinge. Er ist dem Gott Silvanus, der antiken, italischen Gottheit der Natur und des Waldes geweiht. Es ist eine Kopie in Gips eines mit Skulpturen verzierten Altares, der Romulus und Remus darstellt, die von der Wölfin am Tiberufer gestillt werden (unten rechts). Die Kanten sind mit Girlanden und Ochsenköpfen, dem Symbol für Tieropfer, verziert. Das Orginal befindet sich im Museo Nazionale Romano im Palazzo Massimo.

Altar der Zwillinge

Hinter dem Heiligtum findet man die sogenannte Domus des Apuleius aus dem Anfang des 2. Jh. n.Chr.. Sie wurde nach der Inschrift P. APULEIUS genannt, die man auf einem Bleirohr fand. Hinter einem kleinen Atrium kam man in einen von Säulen umgebenen Innenhof mit einem Wasserbecken in der Mitte. An den Seiten lagen die Zimmer des Hauses, einige davon waren mit kostbaren Mosaiken geschmückt.

Domus des Apuleius

Zurück auf dem Decumanus sieht man die Reste eines halbrunden Monumentalbrunnens aus dem frühen 3. Jh. Er war symmetrisch zu dem schon erwähnten Brunnen. Hinter einem Säulengang kommt man zu einem großen Platz. Rechts findet man die Reste eines kleinen Heiligtums, ein kleiner eingefriedeter Raum, aus dem 1. Jh. n.Chr., der Jupiter geweiht war. Dahinter liegt ein Nymphäum mit drei Absiden aus der Mitte des 2. Jh. n.Chr.. In der Nähe liegen auf einem einzigen Podium vier kleinere, gleichgroße Tempel mit einem Vorraum und einer fast quadratischen Cella. Sie stammen aus der spätrepublikanischen Epoche und waren vermutlich den Göttinnen Venus, Fortuna, Ceres und Speranza geweiht. Im hinteren Bereich baute man im 2. bis 3. Jahrhundert ein Mithräum an, das Mithräum der „Sette Cieli" (sieben Himmel) oder der „Sette Sfere" (sieben Sphären) genannt wurde. Der Name kommt von den Mosaiken auf dem Fußboden, die Kreisbögen darstellen. Diese Stätte war dem Kult der persischen Gottheit Mithras geweiht (siehe Abschnitt über die Kulte S.10-13). Wie fast alle Mithräen hatte es einen seitlichen Eingang, um indiskrete Blicke von Personen, die nicht diesem Kult angehörten, zu vermeiden. Außerdem gab es einen kleinen rituellen Brunnen links vom Eingang, zwei seitliche Podeste, auf denen die Anhänger knieten oder sich hinlegten und einen Altar. Die sieben Halbkreise stehen für sieben Himmeltore, durch die die Gläubigen schreiten mussten, um die Purifikation zu erlangen. Man beachte in der ersten Sphäre den Opferdolch, mit dem Mithras den Stier getötet haben soll. Auf den Stirnseiten der Podien sind sechs Gottheiten dargestellt, ursprünglich waren es sieben, denen auf den Stufen die Sternzeichen entsprechen. Seitlich des Altares standen Statuen der zwei Schutzgeister des Mithras: Cautes (der Tag) und Cautopates (die Nacht). An diesem Punkt des Decumanus befindet sich außerdem der sogenannte Tempel des Kollegiums aus dem 2. Jh. n.Chr.. Seinen Namen verdankt er einer Inschrift, die man dort gefunden hat (diese ist auf der anderen Straßenseite rekonstruiert worden). Sie lässt darauf schließen, dass der Tempel zum Kollegium der Baumeister gehörte.

Nymphäum beim Theater

vom Sitz der Augustalen zur Insula des Neiders

Geht man auf dem Decumanus weiter, kommt man links zum Sitz der Augustalen. Dies waren Priester, die dem Kult dieses Kaisers huldigten. Das Gebäude wurde etwa um 150 n.Chr. errichtet und dann im 3. und 4. Jh. umstrukturiert. Aus jener Epoche stammen die erhaltenen Mosaiken, die von dem Fortdauern des Kaiserkultes zeugen. Wenn man durch einen engen, ziemlich langen Gang eintritt (links eines Säulenrestes), gelangt man rechts in einen von Säulen umgebenen Innenhof mit einer leicht erhöhter Absis im Vergleich zum Saal. Der gesamte Raum war mit Marmor verkleidet. Die zwei Statuen der Kaiserinnen Sabina (rechts) und Fausta (links) hat man durch Kopien ersetzt, die Orginale befinden sich heute im Museum. Hier hat man auch eine große Statue gefunden, die vermutlich Kaiser Maxentius darstellt. Auch sie wurde an einem geschützten Ort aufgestellt. Im angrenzenden Raum gibt es ein schönes Mosaik zu sehen, das mit Amoretten die eine Krone halten, bedeckt ist.

Sitz der Augustalen

Zurück auf dem Decumanus schlägt man auf der linken Seite die Straße des Mithräums der Schlangen ein, wo sich die gleichnamige Kultstätte befindet. Ihre Entstehungszeit ist schwer zu bestimmen, vermutlich Mitte des 3. Jahrhunderts, da das Gebäude in dem sie untergebracht ist mehrmals umgebaut wurde. Es ist das schlichteste Mithräum Ostias, ohne Mosaiken und Stucke. Die Malereien auf den Seitenwände stammen wahrscheinlich von einem älteren Hausaltar, ähnlich denen in Pompei. In der Mitte sieht man einen Genius, der mit einer weißen Tunika bekleidet ist mit einer Krone und einem Füllhorn. Seitlich davon zwei Schlangen, die hintere männlich, die linke weiblich. Sie symbolisieren das Böse und das Unreine, das die Gottheit Mithras besiegt haben soll.

Oben sieht man Reste von Dekorationen wie Ghirlanden aus mit Bändern zusammengebundenen Blumen. Zurück auf dem Decumanus kommt man an der Aula des Mars und der Venus aus dem 4. Jahrhundert vorbei. Sie wurde nach einer Statue genannt, die man bei den Ausgrabungen dort fand und die heute im Museo Nazionale Romano aufbewahrt wird. Links befindet sich das Caseggiato del Sole (Haus der Sonne) aus dem späten 2. Jahrhundert. Innen waren neun Tabernae oder Läden untergebracht, die auf eine innere Straße zeigten. Seinen Namen erhielt es von einer Schrift auf dem Verputz, die besagt: „Hier wohnt der Sonnengott". Wahrscheinlich wurde an diesem Ort dem Sonnenkult gehuldigt, der aus dem Orient

Fresken im Mithräum der Schlangen

Thermen des Neiders

Mosaik in der Insula des Neiders

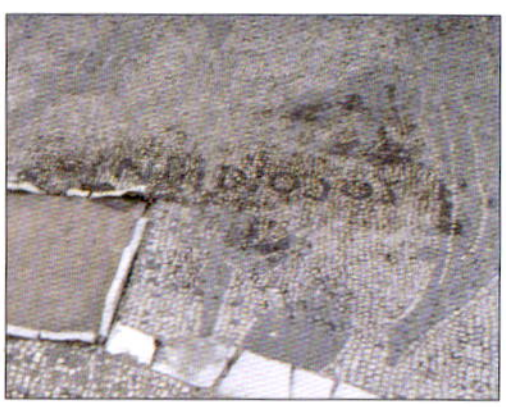

Brunnen mit Amphore

in Rom eingeführt worden war. Weiter vorne auf dem Decumanus findet man die großen Horrea. Dieser große Gebäudekomplex diente zur Lagerung von Waren, wahrscheinlich Getreide und stammt in seiner ersten Phase aus der Zeit des Kaisers Claudius (41-54). Unter Kommodus (180-192) führte man Umbauten durch, bei denen ein Geschoss aufgestockt wurde. Außerdem versah man das Gebäude wie auch die Thermen mit Suspensuren, d.h. einem schwebenden Fußboden, der zur Belüftung der gesamten Konstruktion diente. Um einen großen, mit einem Portikus umgebenen Hof herum, befanden sich enge, lange, regelmäßig angeordnete Speicher. Unter Septimus Severus (193-211) wurden weiter Räume angebaut, um noch mehr Platz zu schaffen.

Auf der rechten Seite läßt man die wenigen Reste eines Tempels aus republikanischer Zeit liegen und schlägt die Sèmita (=Seitenstraße) dei Cippi (der Säulenstümpfe) ein. Dies ist die einzige Straße des antiken Ostia, deren ursprünglicher Name bekannt ist. Gleich auf der linken Seite findet man die Terme dell'Invidioso (Thermen des Neiders) aus dem 1. Jh. n.Chr.. Die Mosaiken stellen marittime Motive dar, der Boden ist nach einem Erdbeben heute uneben. Bemerkenswert ist ein Saal mit runden Wänden und Wasserbecken. Hier befand sich das Frigidarium, ein Kaltwasserbecken. Auf der Straße sieht man einen Steinbrunnen mit Amphoren. Er ist aus dem 4. Jahrhundert und beweist, dass zu dieser Zeit die Straße schon nicht mehr befahren wurde.

Gegenüber liegt die Insula dell'Invidioso (des Neiders) mit kleinen Läden auf der Straßenseite. Der Name kommt von einer Darstellung des Fischfangs aus dem 3. Jahrhundert mit der Inschrift INBIDIOSOS.

von der „via dei Molini" zur „via del Tempio di Diana"

Zurück auf dem Decumanus hat man einen Blick auf das Straßenniveau Ostias zur Republikanischen Zeit, bevor es Ende des 1. Jh. n.Chr. um etwa einen Meter angehoben wurde. Man kann von dort aus die Via dei Molini (Straße der Mühlen), die Verlängerung der „Sèmita dei Cippi", einschlagen. Links sieht man eine Mauer in Opus quadratum, die zu dem antiken Castrum (Festungsanlage) gehören, mit der man im 4. Jh. n.Chr. die Tibermündung befestigen wollte. Diese Mauern wurden dann in ein Lagerhaus aus dem 2. Jh. n.Chr. integriert. Sie umschließen einen rechteckigen Platz, in dem sich Cardus und Decumanus kreuzen. An den Seiten befinden sich nach der traditionellen Bauweise der neugegründeten römischen Städte vier Tore (siehe Einleitung S.8/9). Weiter links kommt man zu einer der bekanntesten Sehenswürdigkeit Ostias, der großen Bäckerei aus dem 2. Jahrhundert n.Chr.. Dort waren auch Läden untergebracht, die auf die Straßen zeigten und wo das Brot verkauft wurde.

entlang der via dei Molini

Interessant ist gleich rechts vom Haupteingang eine Steintafel, die eine Jungfrau mit Füllhorn, dem Symbol des Überflusses darstellt, die eine Schlange nährt.

Das Gegenstück auf der linken Seite ist nicht erhalten. In den zwei Räumen auf der Rückseite befanden sich Mühlsteine aus Lavagestein, viele davon sind heute noch zu sehen. Sie wurden von einem Esel gedreht und dienten zur Herstellung von Mehl und Teig. In dem ersten Raum wurde das Getreide gemahlen (zwischen den zwei Steinen rieselte das Mehl herunter).

Innenansicht der Bäckerei

Im zweiten Raum wurde der Teig angerührt und geknetet. Nach dem Backen, verkaufte man das Brot in den Läden auf der Vorderseite. Im hinteren Bereich befanden sich Diensträume und eine Kultstätte der Gottheit Silvanus, einem Natur- und Waldgott, mit Malereien aus dem 3. Jh. n.Chr.. Wenn man nun zurückgeht, bietet es sich an, die erste Straße auf der rechten Seite einzuschlagen. Sie ist sehr gut erhalten, man kann sogar die Reste von Gehwegen sehen. Das erste Gebäude rechts ist das Caseggiato der Diana aus der Mitte des 2. Jh. n.Chr.,

Steintafel an der Bäckerei

Caseggiato der Diana

das nach einer Terracottafigur der Göttin Diana benannt wurde. Dieses außergewöhnliche Beispiel einer Insula, d.h. eines mehrstöckigen Gebäudes mit Läden, die auf die Straße zeigten, weist Überreste von Vorrichtungen auf, in die die Konsolen der Balkone verankert waren. Weiterhin gab es in dem Zentralen Innenhof einen Gemeinschaftsbrunnen.

Die Wohnungen zeigten auf den Innenhof, von der Straße aus führten Treppen in die oberen Stockwerke. Beachtenswert ist rechts vom Korridor, durch den man eintritt, die Latrine und links ein Raum mit schönen Malereien aus dem späten 2. Jh..

In der nordöstlichen Ecke des Häuserkomplexes befinden sich in zwei besonders dunklen Räumen ein Mithräum aus dem Ende des 2. Jh. n.Chr.. Der Eingang ins erste Zimmer ist wie üblich nicht auf der gleichen Achse wie der Altar, um ihn vor indiskreten Blicken zu schützen. Im zweiten Zimmer gibt es seitlich eingemauerte Bänke, auf denen die Anhänger niederknieten. Die Wände weisen Spuren von Malereien auf. Im Hintergrund wird durch einen kleinen Schlitz in der westlichen Wand der Altar beleuchtet. Das Relief auf der Vorderseite stellt die Baumkrone einer Eiche dar. Der Altar stammt aus der republikanischen Epoche, wurde dann aber für einen anderen, neuen Kult benutzt, wie die Innschrift beweist:

M.LOLLIANYS
CALLINICUS PATER
ARAM DEO DO DE

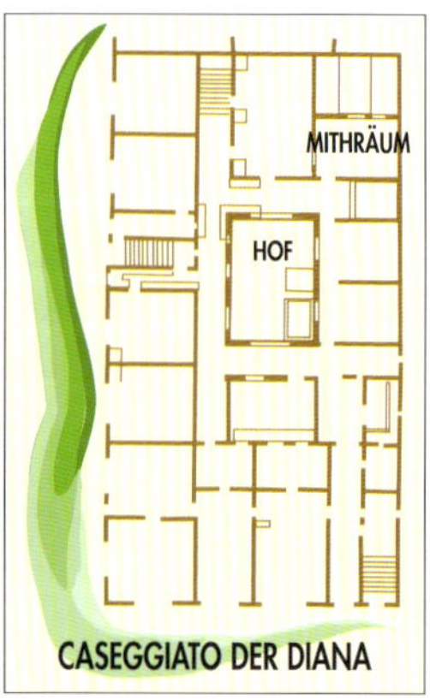

Es handelt sich am einen gewissen Lollinus Callinicus, ein Priester des

Schild am Thermopolium mit verschiedenen Speisen

Mithraskultes, der auch Pater war und dem Altar diesem Gott weihte (DEO DO(num) DE(dit). Ein Loch zeugt von der Stelle, an der früher ein Öllämpchen angebracht war, das während den Riten des Zimmer beleuchtete. Auf der Rückseite findet man einen kleinen Ädikula. Die kleinen hervorstehenden Bimssteine in den Nischen sollen an die Höhle erinnern, in der Mithras geboren worden sein soll. Der Bogen war ursprünglich von zwei Halbsäulen aus Stuck eingerahmt, die auf einer Konsole aus Travertinstein standen.

Weiter vorn in derselben Straße liegt das berühmte Thermopolium (antikes Gasthaus), wo Speisen und warme Getränke verkauft wurden. Das sehr gut erhaltenen und eindrucksvolle Gebäude erbaute man im 3. Jh. n.Chr. auf einem älteren Haus aus der Zeit Hadrians (117-138). Es weist drei Eingänge mit seitlichen Bänken auf, unter dem Marmorschanktisch kann man sogar noch die Becken, in denen das Geschirr gewaschen wurde, erkennen. Im Inneren befand sich über einem Marmorregal eine bunte Malerei, die Obst, Gemüse, Musikinstrumente und Reste von eingegrabenen Amphoren darstellte. In dem dahinterliegenden Hof mit einem Brunnen konnte man an Tischen die Speisen unter freiem Himmel verzehren. Von dort aus führte eine Außentreppe in die unterirdischen Kellergewölbe. Fast gegenüber befindet sich ein großer Häuserkomplex mit mehreren Insulae. Auf die Straße zeigt zum Beispiel die Insula des Jupiters und des Ganymedes mit Tabernae auf der Vorderseite, einem Innenhof und Malereien aus dem späten 2. Jh. n.Chr.. Von oben hat man einen sehr malerischen Blick auf die Ausgrabungen.

Innenansicht des Thermopoliums

Wenn man nun ein Stück zurück in Richtung der Via della Casa di Diana geht, schlägt man die Via dei Balconi ein. Am Ende einer Treppe auf der rechten Seite kommt man zum Mithräum des Lucrezius Menandrus aus dem 3. Jahrhundert. Man hat diese Kultstätte in zwei Räumen

Das Museum

Das Museum wurde, wie ein Schild erinnert, Mitte des 19. Jahrhunderts im Casone del Sale (Haus des Salzes) gegründet. Dieses Gebäude stammt aus dem 15. Jahrhundert und gehörte zu den sich in der Nähe befindlichen Salinen. Die aktuelle Ausstellung in zwölf Säalen ist 1977 unter Leitung der Dott.ssa Valnea Scrinari, Oberintendanti für die Ausgrabungen, fertiggestellt worden.

Saal 1 *Hier sind kleinere Tafel ausgestellt, einige davon mit schönen Szenen aus dem täglichen Leben im antiken Ostia. Die interessantesten sind: Der Fleischstand, der Gemüsestand und die Darstellung einer Geburt. Interessant sind auch die Fragmente einer Wasserleitung aus Bronze, das Modell eines römischen Tempels und eine Gipstafel mit den Fußabdrücken eines aus dem Krieg heimgekehrten Soldaten, die ein Weihegeschenk an die Göttin Bellona war.*

Saal 2 *Fragmentarische Tempeldekorationen, die auf das antike Castrum zurückgehen, mit Farbspuren.*

Saal 3 und 4 *Sie sind den orientalischen Kulten gewidmet, die es im 2. und 3. Jahrhundert n.Chr. in Ostia gab. Angefangen von hinten sieht man eine Statue des stiertötenden Mithras. Es ist das Werk des Künstlers Kriton aus Athen, entstanden im 2. Jh. n.Chr., dessen Name in der Brust des Stiere eingraviert ist. Außerdem sieht man eine Nachbildung des Mithräum der Thermen in der Via della Foce. An den Seiten befinden sich die Köpfe der zwei Schutzgeister Cautes, mit Sonnenstrahlen (der Tag), und Cautopates mit dem Mond (die Nacht). In der Nische auf der rechten Seite befinden sich 18 der 22 Statuen, die man im Heiligtum des Attis in der Nähe des Campo della Magna Mater gefunden hat.*

Bemerkenswert sind außerdem:

- *eine Pinie, um die sich eine Schlange ringelt (die Gottheit Attis soll sich aus Liebe entmannt haben und dann als Pinie wiedergeboren worden sein, Abschnitt über die Kulte)*
- *ein Altar mit den Skulpturen von zwölf Göttern aus dem 1. Jh. n.Chr., die aus dem Heiligtum des Attis stammen*
- *ein Sargdeckel mit einem liegenden Archigallo (Anhänger des Kultes der Kybele, Geliebte des Attis, aus der Mitte des 3. Jh. n.Chr.)*
- *Archigalli-Figuren*

Saal 5 . *Skulpturen, die sich an der griechischen Kunst inspirieren, unter anderem eine Statue des Apoll nach einem Orginal aus dem 5. Jahrhundert. Man beachte, wie das Gewicht auf dem rechten Bein ruht und wie entsprechend die Hüfte angehoben und die Schulter gesenkt ist. Auf der anderen Seite des*

Statue des stiertötenden Mithras

eines privaten Hauses aus der Zeit Hadrians (117-138) untergebracht. Der Raum hatte einen eigenen Eingang von der Straße aus und war mit einem Tonnengewölbe überdacht. Der Fußboden war mit Mosaiken bedeckt, an den Wänden sieht man Malereien, die wahrscheinlich aus der Mitte des 2. Jh. stammen. An den Seitenwänden befinden sich die typischen Bänken, auf denen die Anhänger niederknieten, während der Altar von einem Öllämpchen beleuchtet wurde, das sich in der hinteren Aushöhlung befand. Man kann außerdem eine noch lesbare Schrift erkennen, über der sich ein Halbmond, das Symbol für die zweite Stufe der Initiation im Mithraskult, befindet sowie eine Widmung: an den unbesiegbaren Gott Mithra vom Sklaven Diocle zu Ehren des Caius Lucrezius Menandrus, (Priester dieser Gottheit mit dem Rang eines Paters), der dem Gott mit dieser Gabe huldigte. Lohnenswert ist auch ein Besuch des kleinen aber sehr interessanten Museums, in dem kostbare Fundstücke aufbewahrt werden.

Marmorgruppe mit Amor und Psyche

gestreckten Beines ist hingegen die Hüfte gesenkt und die Schulter angehoben. Diese Prinzipien kann man auch an anderen im Museum ausgestellten Kopien wiederfinden. Sie wurden von Policleto übernommen, einem Bildhauer aus Athen, der im 5. Jh. v.Chr. zu den berühmtesten seiner Zeit zählte.

Saal 6 *Auch hier sind römische Skulpturen ausgestellt, die man in den Gebäuden gefunden hat und die sich an der griechischen Kunst orientieren. In der Mitte des Saales, die Büste der Ringer; an den Seiten: zwei Eros, die den Bogen kreuzen, inspiriert von dem Bildhauer Lisippo, dem es im 4. Jahrhundert gelang auch die dritte Dimension, d.h. die Tiefe darzustellen. Außerdem das Bildniss des griechischen Philosophen Demostene aus dem 4. Jh. v.Chr. sowie kunstvolle Reliefs aus dem Herkules-Tempel in der Via della Foce.*

Saal 7 *Enthält römische Skulpturen, die sich an hellenistischen Motiven inspirieren (3.-1. Jahrhundert). Herrlich ist die Marmorgruppe mit Amor und Psyche aus der gleichnamigen Domus. Bemerkenswert ist auch ein Perseus mit Medusenhaupt und das Relief der Drei Grazien.*

Saal 8 *Hier befinden sich Bildnisse der römischen Imperatoren bis zur Zeit Trajans (98-117). Man beachte das Bildniss des Cartilius Poplicla ohne Kopf und mit nur einem Arm aus dem Ende des 1. Jh. v.Chr.. Sein Grab befindet sich vor der Porta Marina auf dem Decumanus. Außerdem das Bildniss des Kaisers Trajan, schmachtend blickende Jungfrauen und Jünglinge mit vollen Mündern und Pausbacken aus dem späten 2. Jahrhundert n.Chr., ein architektonisches Fries mit Gänsen, die der Überlieferung nach Rom während der Belagerung durch die Gallier rettete. Das Fries hat man bei der Basilika auf dem Forum gefunden.*

Saal 9 *Hier sind Sarkophage und Grabplatten aus dem 2. und 3. Jahrhundert ausgestellt. Interessant ist der Sarkophag, den man in Pinabella gefunden hat (in der Nähe des Bahnhofes von Ostia Antica, nicht weit von dem heutigen Friedhof entfernt). Er zeigt Szenen mit Zentauren und inspiriert sich an der Illiade (mit dem Kampf zwischen Mensch, Symbol der Intelligenz, und dem Zentauren, Symbol für die Natur).*

Saal 10 *die Skulpturen gehen auf die Epoche zwischen dem 2. und dem 4. Jahrhundert n.Chr. zurück. Hier befindet sich auch eine kostbare Statue aus schwarzem Stein nach hellinistischen Modellen, die vermutlich den Tempel der Isis (Göttin ägyptischen Ursprungs) in der Stadt Port schmückte.*

Saal 11 *Interessant ist ein schönes Mosaik in Opus sectile, das man außerhalb der Porta Marina gefunden hat. Es stammt aus dem 4. bis 5. Jahrhundert, in der Mitte befindet sich der segnende Christus.*

Wenn man aus dem Museum kommend die Treppen auf der linken Seite hinabsteigt, kommt man zu dem Casseggiato der Dolien, eine Einfriedung mit großen, malerischen Terracotta-Gefäßen, die in den Boden eingelassen sind. In ihnen bewahrte man Wein und Öl auf. Rechts kommt man wieder zurück auf die Via dei Dipinti, in der man die Insula dei Dipinti und die Insula di Bacco Fanciullo (Insula des Bacchus als Jüngling) mit Malereien aus dem 3. Jh. n.Chr. findet. Man geht dann in Richtung Forum weiter.

der Forum-Platz: Vom Kapitol zum Rundtempel

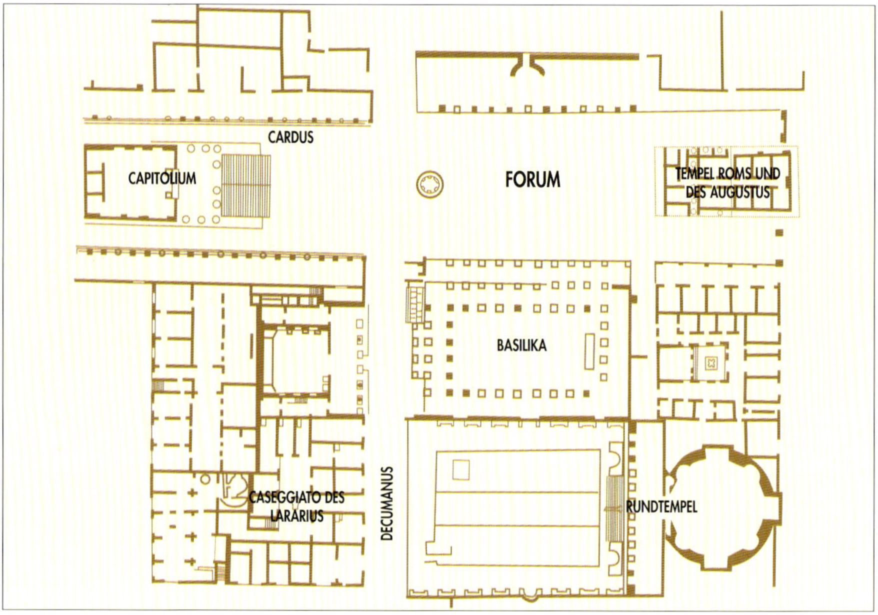

Das Forum war der wichtigste Platz der Stadt, hier befanden sich die bedeutensten religiösen und zivilen Gebäude. Normalerweise hatte es einen rechteckigen Grundriss und lag an der Kreuzung zwischen Cardus und Decumanus oder in deren unmittelbaren Nähe. Das Forum Ostias ist nach diesen Regel angeordnet.

Bei den Ausgrabungen hat man Reste eines Tempels aus republikanischer Zeit gefunden (der rechteckige Platz rechts vor dem größten Tempel).

Man weiß allerdings nur wenig über die anderen Gebäude des Platzes. Aus dieser Epoche stammen die Steinblöcke in Opus quadratum, die man unter der Kurie gefunden hat und die vermutlich die Cella einer antiken Kultstätte sind. Das Forum wurde erstmals radikal unter Tiberius (14-37) umgebaut, als man einen Tempel, der der Stadt Rom und dem Kaiser Augustus geweiht war, erbaute.

Ein wenig jünger ist das kleine runde Gebäude in der Mitte des Platzes, von dem man deutliche Überreste findet. Es war vermutlich dem Kaiserkult geweiht. Weitere Veränderungen wurden Ende des 1. Jahrhunderts und Anfang des 2. Jh. n.Chr. mit dem Bau der Basilika und der Kurie durchgeführt. Kaiser Hadrian (117-138) verdanken wir das Kapitol, der größte Tempel Ostias, sowie die seitlichen Säulengänge mit herrlichen Säulen im korinthischen Stil. Der Tempel des Kapitol wurde an der Stelle von älteren Gebäuden erbaut. Er war der

Reste des republikanischen Tempels

kapitolinischen Triade geweiht: Jupiter (Göttervater), Juno (seine Gemahlin, Fruchtbarkeitsgöttin und Schutzpatronin des römischen Staates) und Minerva (Göttin der Stadt, des Krieges und der menschlichen Taten im Allgemeinen).

Kapitol

Weitere Stufen führen zum Pronaos, vor dem sich einst sechs Säulen auf der Vorderseite befanden. Von dort gelangte man in die rechteckige Cella mit drei Nischen auf jeder Seite. Das Gebäude war wahrscheinlich über 20 Meter hoch. Die Mauern in Opus latericium waren außen mit Marmor verkleidet, in denen noch die Löcher der Klammern zu sehen sind. Bemerkenswert sind die Reihen von gelben, orginal antiken Ziegelsteinen im Mauerwerk, die dazu dienten, die Mauer zu ebnen und zu stabilisieren.

Den nördlichen Teil des Platzes umschlossen zwei seitliche Laubengänge. Vor dem Kapitol hat man rechts auf einer rekonstruierten Mauer Teile des Gesims vom großen Tempel angebracht. Sehr schön sind die Zacken und Eierstäbe am Sims.

Kapitol, Teilansicht des Gesimses

Auf der südlichen Seite des Forums liegt der Tempel Roms und des Augustus, den Tiberius zu Ehren der Stadt und seines Vorängers errichten ließ. Er befand sich auf der gleichen Linie wie der gegenüberliegende Tempel, heute sind nur noch die Grundmauern erhalten. Der Tempel stand auf einem Podium und hatte eine einzige Cella sowie sechs Säulen auf der Vorderseite.

Reste von dem Gesims, Gebälk und Kapitelle aus Marmor, die einst an der rückwärtigen Fassade angebracht waren, hat man an der linken Seite in Richtung Tempel wieder aufgestellt. Die Statue der Göttin Roma im hinteren Teil stand vermutlich einst an der Spitze des Giebels.

Statue der Göttin Roma

Auf der Westseite des Platzes liegt das Gebäude der Basilika aus dem 1. Jh. n.Chr.. In der römischen Stadt befand sich dort die Verwaltung der Gerichtbarkeit. Gewöhnlich hatten diese Gebäude einen rechteckigen Grundriss, waren drei- oder fünfschiffig und der Eingang befand sich auf der Längsseite.

In den Ruinen kann man noch die Reste eines doppelten Laubenganges auf der dem Platz zugewandten Seite sowie einen Innenhof erkennen. Der Fußboden des großen Mittelschiffes war mit weißem und gelben Marmor verkleidet, letzteren importierte man aus Nord-

Rekonstruktion des Tempels der Göttin Roma

afrika (opus sectile). Auf der linken Seite befand sich das Podium der Richter.

Überquert man den Decumanus, dann findet man genau gegenüber der Basilika die sogenannte Kurie. In diesem Gebäude aus dem späten 1. Jahrhundert tagte der Senat der Stadt. Man weiß aber, dass dieser zwischen 100 und 200 Mitglieder zählte, die in diesem begrenzten Raum sicherlich nicht alle untergebracht werden konnten. Daher wird auch vermutet, dass es sich um einen Tempel aus der republikanischen Epoche handelt mit Cella, Pronaos und Säulen an der Fassade, den man später umgebaut hat.

Geht man hinter dem Kapitol den Cardus in Richtung Tiber entlang, kommt man zu einem Stadtviertel aus der Zeit der Herrschaft Hadrians (117-138). In römischer Zeit war diese Straße sehr wichtig, da sie vom Kapitol zum Fluss führte, der parallel zu der Stadt verlief. Wie bedeutend diese Straße war zeigt ihre Breite und die vielen Läden auf beiden Straßenseiten.

Es lohnt sich, die Treppen in dem Häuserkomplex hinten links bis in den zweiten Stock hinaufzusteigen. Von dort aus hat man einen guten Blick über die Flusswindung des Tibers und die Ausgrabungen. Weiter links kommt man dann zuerst zu einem Gebäude mit Balkonen und Konsolen und dann zum sogenannten Caseggiato dei Misuratori di Grano (Wohnanlage der Getreideabwieger), beide stammen aus der Zeit Hadrians.

Dahinter sieht man den Portikus des kleinen Marktes und den Kleinen Markt (Piccolo Mercato) aus der Mitte des 1. Jh. n.Chr.. Es handelt

Teilansicht des Tempels der Göttin Roma

sich hierbei um zwei rechteckige Plätze mit gleichgroßen Tabernae, die heute als Lager für die Aufbewahrung von Fundstücken genutzt werden. Geht man in Richtung Forum zurück und schlägt den Decumanus in die Richtung ein, in der sich in der Antike der Strand befand, stößt man auf den Rundtempel. Diese einzigartig interessante Konstruktion stammt aus der Mitte des 3. Jahrhunderts n.Chr. (238-244) mit Ergänzungen aus dem 4. Jahrhundert und ähnelt, wenn auch in kleinerer Form, dem Pantheon in Rom.

Blick auf den Forums-Platz vom Rundtempel aus

Wie auch beim berühmten römischen Monument, gab es einen rechteckigen Platz auf der Vorderseite und der Altar befand sich in der Mitte.

Ein Treppenaufgang führte auf den langen, schmalen Pronaos. Im Inneren befanden sich in den Wänden abwechselnd halbrunde und rechteckige Nischen, letzter stehen außen leicht aus der Mauer hervor.

Wendeltreppe des Rundtempels

Die hohen auf Fundamenten errichteten Säulen sollten die Rundung des Raumes noch zusätzlich unterstreichen, dessen Durchmesser 18,30 Meter betrug.

Auch die Kuppel erinnert an das Pantheon in Rom. Auf beiden Seiten des Einganges führten Wendeltreppen ins obere Geschoss, heute sind nur die ersten Stufen erhalten. Die genaue Funktion des Tempels ist unbekannt, sicher ist nur, dass es sich um eine heidnische Kultstätte handelt.

Der Tempel ist vor allem vom architektonischen Gesichtspunkt aus interessant, da er ein typisches Beispiel der spätantiken römischen Architektur darstellt. Hinter einem rechteckigen Platz (der Hof) kam man in die offenen Vorhalle (Pronaos) und von dort in das Innere des Tempels, wo sich der Betrachter in einem weiten, „dynamischen" Raum befand mit geraden sowie geschwungen Linien, die ganz klar den orientalischen Einfluss widerspiegeln.

Innenansicht des Rundtempels

Horrea Epagathiana

Das Casseggiato der Laren ist ein kleiner Markt aus der Epoche Hadrians (117-138). Auf die Straßenfront sowie zum Innenhof zeigten kleinen Läden. Im Hof befand sich außerdem ein Ädikula aus roten und gelben Ziegeln, der vermutlich den Schutzgöttern der Händler geweiht war.

Von dort aus geht man durch die Ruinen des Westtors des Castrums aus dem 4. Jh. v.Chr. und schlägt die Via Epagathiana ein, wo man zu den gleichnamigen Horrea gelangt. Diese großen, um einen zentralen Hof angeordneten Lagerhäuer gehörten, wie eine Inschrift in weißem Marmor besagt, den Händlern Epagato und Epafrodito. Diese waren dem Namen nach vermutlich griechischer Abstammung. Das Gebäude aus der Mitte des 2. Jahrhundert n.Chr. ist zur Zeit nicht zu besichtigen, da dort Fundstücke der Ausgrabungen aufbewahrt werden. Es lohnt sich aber trotzdem von außen das schöne und sehr gut erhaltene Ziegelsteinportal anzuschauen. Der bogenförmige Eingang wird von zwei Halbsäulen korinthischer Ordnung eingerahmt, darüber liegt das Gebälk, der Giebel ist mit Zackenmuster und anderen kunstvollen Verzierungen geschmückt. In den Horrea bewahrte man kostbare Waren auf. Dies schließt man aus dem Vorhandensein eines zweiten Portals am Ende des Eingangskorridors und den Wandmalereien in den um den Hof herum liegenden Räumen. In den oberen Stockwerken waren Wohnungen untergebracht, zur Straße hin Läden.

Caseggiato der Laren

Gegenüber liegen die Thermen des Buticosus aus der Zeit Trajans (98-117), die im 2. Jh. n.Chr. umgebaut wurden. Man hat sie nach einer nackten Statue mit darunterliegender Inschrift benannt. Zurück auf dem Decumanus, geht man an der Kreuzung gleich rechts weiter in die Via della Foce. Gleich auf den ersten Metern findet man die Ruinen eines Heiligtums aus der republikanischen Epoche, rechts kommt man zu dem Casseggiato del Mosaico di Porto, benannt nach einer interessanten Fußbodendekoration, die den vierstöckigen Leuchtturm des Hafens von Ostia mit einer Flamme an der Spitze darstellt. Leider ist die aus dem 3. Jh. n.Chr. stammende Dekoration nur schlecht erhalten und heute kaum noch zu erkennen.

Herkules-Tempel

Links kommt man zu dem Mithräum der bemalten Wände, das sich im Inneren einer Domus aus dem 2. Jh. v.Chr. befindet. Im 1. und 2. Jh. n.Chr. wurden dann Umbauten durchgeführt. Das Mithräum weist eine schräge Rückwand auf sowie die typischen Seitenpodien mit kleinen Fächern zum Abstellen von rituellen Gegenständen. Auf dem Altar kann man eine Widmung eines gewissen Sempronius an den Sonnengott erkennen. Die Wände sind mit Fresken, die Szenen des Mithraskultes darstellen, verziert.

Herkules-Tempel, Teilansicht

Auf der rechten Seite befindet sich eine Kultstätte aus der republikanischen Epoche, die bis Ende des 5. Jh. n.Chr. verehrt wurde. Der wichtigste Tempel ist der Herkules-Tempel aus dem Ende des 2. Anfang des 1. Jh. v.Chr. Auf einem Podest erhöht, hatte er sechs Säulen auf der Vorderseite und eine einzige Cella. Man vermutet, dass dort auch Apoll verehrt wurde, worauf eine Widmung auf dem Marmoraltar in der Mitte des Pronaos schließen läßt. Wahrscheinlich versammelten sich in diesem Tempel Seeleute und Händler, um die Gottheit um eine sicher Überfahrt zu bitten. Auf der rechten Seite findet man die Ruinen eines weiteren Tempels aus dem 2. Jh. v.Chr., der vermutlich Asclepius und Igea, Flussgöttern des Tiber, geweiht war. Gegenüber des Herkules-Tempels sieht man die Reste einer Mauer aus der Kaiserzeit. Sie umschloss vier besonders heilige Altare der Stadt. Zurück auf der Straße, findet man rechts den Tempel des runden Altars aus dem Ende des 1. Jahrhundert. Er ist nach dem Rundaltar benannt, der heute im Museum ausgestellt ist. Ein wenig weiter rechts liegt die Domus des Amor und

Teilansicht des Mithräums der bemalen Wände

Domus von Amor und Psyche

der Psyche. Sie war im 4. Jahrhundert eines der elegantesten Häuser Ostias. Vom Atrium aus, auf das die Zimmer mit Marmorfußböden und Wandverkleidungen zeigten, kommt man in ein Nymphäum mit kleinen Säulen in Kompositordnung. Aus den abwechselnd rechteckigen und halbrunden Nischen quoll Wasser hervor, das sich in großen Becken sammelte.

Weiter auf der Via della Foce kommt man rechts an einer weiteren Therme aus der Zeit Hadrians (117-138) vorbei. Auch hier wurden im späten zweiten Jahrhundert Umbauten durchgeführt.

Absolut sehenswert ist das fast unbekannte aber dafür um so malerische Mithräum in den Thermen. Im späten zweiten Jahrhundert hatten man es in einem unterirdischen Gang der Thermen eingerichtet, wie alle Stätten dieses Kultes absichtlich an einem abgelegenen, dunklen Ort. Der Eingang befand sich nicht auf der gleichen Höhe des Altars, um diesen vor indiskreten Blicken zu schützen. Der Raum wurde von zwei Öllämpchen in dem Tonnengewölbe schwach beleuchtet. Eines Lampe war in der Mitte, die andere am südlichen Ende angebracht, so das die Marmorgruppe, die den stiertötenden Mithras in klassischer Kleidung darstellt, beleuchtet wurde (es handelt sich um eine Kopie, das Orginal ist im 3. Saal des Museums ausgestellt). Die schrägstehende Statue von kostbarer

Kapitelle in der Domus

Ausführung weist die Unterschrift des Künstlers auf der Brust des Tieres auf. Es handelt sich um einen Künstler Names Kriton aus Athen, der diese Statue im 2. Jh. schuf. Seitlich gab es gemauerte Bänke mit Nischen in der Mitte, die leider nicht erhalten sind. Dort knieten die Gläubigen nieder. Das Deckengewölbe wie auch die Rückwand waren mit Stuck und Malereien verziert, von denen heute nur wenige Spuren zu sehen sind.

Wohnanlage des Serpis

Von dort aus kann man das Caseggiato del Serapide (Haus des Serapis) besichtigen. Zusammen mit den Thermen der Sieben Weisen und dem Caseggiato degli Aurighi (Haus der Wagenlenker) gehörte es zu einem eindrucksvollen Gebäudekomplex aus der Zeit Hadrians (117-138). Die Insula war um einen großen, mit einem Portikus umgebenen Hof angeordnet, man kann noch die mächtigen Pilaster erkennen. Im Erdgeschoss befanden sich Tabernae, die nicht mit der Straße verbunden waren. In einer Niesche auf der rechten Seite steht die Statue des Serapis. Links gelangt man über eine sehr gut erhaltene Treppe auf eine Terrasse, von der aus man einen guten Blick über die Ausgrabungsstätten hat. Einst führte sie in die Wohnungen in den oberen Etagen, die man aber auch über einen zweiten Aufgang erreichen konnte. Beachtenswert ist das Portal, das an den Seiten mit Schädeln von geopferten Ochsen verziert war und die Fresken an den Wänden. Anschließend kann man die Thermen der Sieben Weisen besichtigen. Sie wurden für die Bewohner der zwei Wohnanlagen erbaut. Charakteristisch sind der große, runde Raum, der einst mit einer Kuppel überdacht war und die Fußbodenmosaike. Das Mosaik stammt aus dem Jahre 130 n.Chr. und ist teilweise später restauriert worden. Dabei hat man das ursprüngliche Muster aus Pflanzen und nach außen größer werdenden Spiralen, die so arabeske Formen bilden, unterbrochen. Dazwischen hat man Figuren von Jägern und wilden Tieren eingefügt. In einem kleinen Zimmer sind Inschriften erhalten, die an die sieben Weisen erinnern. Unter anderem sind Solone Ateniese, Talete di Mileto und Chilone Spartano genannt. Außerdem kann man dort einige scherzhafte Anspielungen auf die Körperfunktionen während der Verdauung lesen. Der runde Raum war das Frigidarium. Die Wandmalereien, wie die der Venus, die aus dem Wasser steigt, stammen aus dem

Thermen der Sieben Weisen, Bodenmosaik mit Tiger

Thermen der Sieben Weisen, Bodenmosaik mit Hund

Thermen der Sieben Weisen

frühen dritten Jahrhundert, als der gesamte Gebäudekomplex renoviert wurde.

Das Caseggiato degli Aurighi (Haus der Wagenlenker, circa 140 n.Chr.) ist den zwei Fresken im inneren Korridor benannt. Sie stellen einen Wagenlenker mit Krone dar, der einen Palmenzweig in der Hand hält. Hier wurde ein sehr synthetischer Stil angewendet, die Farben sind gleichmäßig ohne Schattierungen oder bunten Umrandungen.

Gemälde eines Wagenlenkers

Die Malereien stammen aus dem späten zweiten Jahrhundert. Bemerkenswert sind auch die hohen Arkaden im Hof. Sie reichen fast bis in das zweite Stockwerk hinauf (Die Gewölbe hat man 1963 gefestigt). Die Reste der beeindruckenden Malereien sowie die Spuren der weit hervorspringenden Balkone lassen vermuten, dass es sich hier um eine sehr luxuriöse Wohnanlage mit großen und reich verzierten Wohnungen handelte.

von den Casette-tipo zum Heiligtum der drei Schiffe

Zurück auf der Via della Foce besichtigt man nun die Ruinen der sogenannten Casette-tipo aus der trajanischen Epoche (98-117). Seit ihrer Entdeckung in den dreiziger Jahren nennt man sie so, weil sie den heutigen Reihenhäusern gleichen. Diese Wohnungen waren dem Mittelstand der Kaufleute und Handwerker vorbehalten, die in Ostia im ersten bis zweiten Jahrhundert n.Chr. im Zusammenhang mit dem Anwachsen der Stadt Porto immer einflussreicher wurde. Die Außenmauern sind in opus reticolatum, die Innenmauern in opus incertum. Die einstöckigen Wohnungen hatten ein Zwischengeschoss oder eine Terasse und waren spiegelgleich zu einem einzigen Treppenaufgang, der zu zwei Wohnungen führte. Der Grundriss beweist, wie hier platzsparend und funktionell gebaut wurde. Zurück auf der Via della Foce kommt man rechts an der Aula die Mensores (Aula der Getreideabwieger) und an den danebenliegenden Horrea vorbei. Beide Gebäude stammen aus dem 2.Jh. n.Chr.. Auf der rechten Seite findet man dann die Thermen der Trinacria. Sie wurden nach einem berühmten Mosaik benannt, das einen Kopf mit drei übereinanderliegenden Beinen darstellt, heute sind nur noch zwei davon erhalten. Dies war das Symbol für Sizilien, das im Altertum Trinacria genannt wurde. Die Thermen stammen aus dem 2. Jh., aus der hadrianischen Epoche und wurden Ende desselben Jahrhunderts restauriert.

entlang der via della Foce

Wenn man nun einen kleinen Weg einschlägt, kommt man nach etwa 200 Metern zum sogenannten Kaiserpalast. Der Bau dieses enormen Gebäudes geht auf Antonius Pius (138-161) zurück, im späten zweiten Jahrhundert wurden schon Restaurierungen durchgeführt. Im Inneren findet man herrliche Höfe, Laubengänge und Reste von Stuckverzierungen und Fresken in den Räumen. Besonders interessant ist das Mithräum auf der rechten Seite des Gebäudes. Es wurde schon 1860 ausgegraben. Wahrscheinlich stammt es aus der Zeit des Kaisers Kommodus (180-192), der diesen orientalischen Kult förderte. Das Mithräum ist wie üblich lang und schmal und verfügt über Bänke an den Seiten. Auffallend sind zwei identische Schriften auf dem Fußbo-

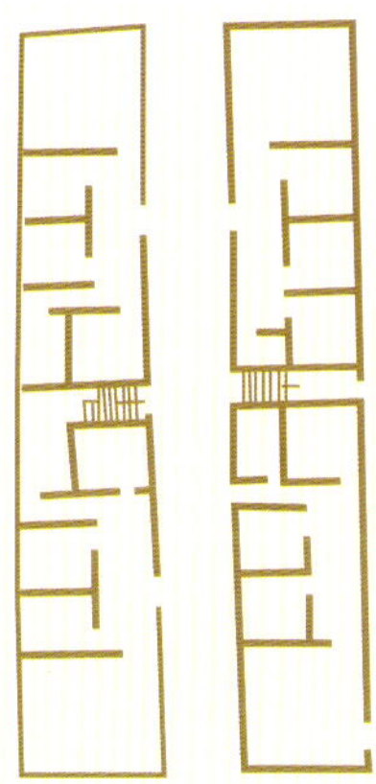

ANTIKES REIHENHAUS

Mosaik im Caseggiato des Bacchus und der Arianne

den: SOLI INVICT MIT D D L AGRIVS CALENDIO (=Lucius Agrius Calendio brachte diese Gabe dem Sonnengott Mithras dar). Man hat dort auch zwei kleine Statuen aus dem Jahr 162 n.Chr. gefunden, die Cautes (den Tag) und Cautopates (die Nacht) darstellen. Wahrscheinlich ist dieser Ort einer der ältesten Mithräen Ostias. Zurück auf der Via della Foce kommt man auf der rechten Seite zu der Wohnanlage des Bacchus und der Arianne aus dem frühen 2. Jh. n.Chr.. Auf der rechten Seite des auf den Hof führenden Portikus sieht man einige sehr schöne Fußbodenmosaike aus dem Jahr 130 n.Chr.. Der kleinerer Raum ist reich dekoriert mit viereckigen Feldern, in den stilisierte Naturmotive dargestellt sind. Man findet unter anderem Bilder von Weinlaub, in das Amoretten und verschiedenartige Vögel eingefügt sind. Das Ganze formt eine ein sehr abwechslungreiche und kunstvolle Malerei. Auch im größern Raum sind Malereien zu sehen. Blumenmotive die sich an Weinlaub inspirieren, Akanthusblätter und Rosenblüten formen Vierecke und Kreise. Das Ganze ist mit geometrischen Motiven umrandet. Außerdem ist der Kampf zwischen Eros und Pan (unten) mit Silen (rechts) als Schiedsrichter des Streites dargestellt, während Dionysos und Arianne (auf einem Fels sitzend) sowie ein bärtiger alter Mann der Szene beiwohnen. Diese Darstellung symbolisiert den Kampf zwischen der intellektualen Liebe (Eros) und der animalischen (Pan). Das Mosaik hat man von der Wand abgetrennt und zementiert. Bemerkenswert ist, wie man bei der Restaurierung mit weißen und schwarzen Steinen das Orginalmuster rekonstruiert hat.

Anschließend sieht man den sehr interessanten Tempel des Serapis, einer griechisch-ägyptischen Gottheit, deren Kult sich Anfang des 2. Jh. n.Chr. in Rom verbreitete und bis zu seinem Verbot im vierten Jahrhundert durch die christliche Kirche, viele Anhänger zählte. Diese Tempel liegt wie man sieht etwas außerhalb der Stadt. Man weiß sogar ganz genau, wann seine Einweihung stattfand, nämlich am 24. Januar des Jahres 127, dem Geburtstag des Kaisers Hadrian. Auf der Schwelle des Eingangsportals auf der Straßenseite ist ein Mosaik erhalten, das den Ochsen Apis darstellt.

Steintafel mit der Inschrift JOVIS SERAPI

Der Hof war auf beiden Seiten von einem Laubengang umgeben. Das Mosaik stellt Tiere und Pflanzen dar, die ganz eindeutig den ägyptischen Einfluss widerspiegeln. Rechts findet man einen Gedenkstein mit der Inschrift IOVI SERAPI (dem Jupiter Serapis), der früher am Eingang stand. Die Inschrift beweist, wie sehr dieser Kult von der römischen Mythologie beeinflusst war. Ein Treppenaufgang führte auf das Podium in den Pronaos, der vorne zwei große Säulen aufwies. Dahinter lag die rechteckige Cella mit dem Altar an der Rückwand.

Tempel des Serapis mit Mosaik

Weiter rechts liegt das sogenannte Mithräum der „Planta Pedis", so genannt nach dem Abdruck eines beschuhten Fußes, der am Eingang zu sehen ist. Das Gebäude stammt vermutlich aus dem späten zweiten Jahrhundert und wurde im vierten Jahrhundert in ein Nymphäum umgewandelt. An den Seitenwänden findet man wieder die typischen Bänke, auf dem Altar Kopien der Häupter des Cautes und des Cautopates. Von hier aus läuft man links weiter und kommt am Magazzino dei Doli vorbei, wo in der Erde eingegrabene Gefäße erhalten sind, in denen Öl und Wein aufbewahrt wurden. Anschließend sieht man die Casa di Annio (Haus des Annius), weiter auf dem Cardo degli Aurighi (Cardus der Wagenlenker), kommt man an dem gleichnamigen Gebäudekomplex vorbei. Links, hinter einem Tor aus einem gemauerten Bogen, befindet sich das Heiligtum der drei Schiffe. Ob es sich dabei um ein Mithräum handelt, ist ungewiss, da man keinen Gegenstände, die auf Mithras hinweisen, gefunden hat. Die Aufteilung des Raumes mit den zwei seitlich Podien lassen dies aber vermuten. Dieses zur Zeit nur von außen zu besichtigende Bauwerk, weist dorische Ziegelsteinsäulen auf. In der Mitte befindet sich ein kleines, rechteckiges Becken und im hinteren Teil der Altar. An den Wänden sind noch Spuren von Malereien aus der Zeit Hadrians (117-138) erhalten. Im linken Raum war vermutlich ein Küche untergebracht, in der man die rituellen Bankette vorbereitete.

Schlägt man nun die schmale Straße auf der rechten Seite ein, dann befindet man sich in der Nähe des Kalkofens. Hier wurde im Mittelalter der Marmor aus Ostia zu Kalk verarbeitet, der für den Bau von Kirchen und weltlicher Gebäude in Rom diente.

Gipsabdrücke des Cautes und Cautopates im Mithräum der Planta Pedis

Planta Pedis

Insula der Drillingsfenster

Zurück auf der Hauptstraße, kommt man rechts zu der Insula der Musen, die etwa aus dem Jahr 128 n.Chr. stammt. Dies war eine Wohnanlage der Luxusklasse. Die Wohnungen waren alle gleich groß, mit schönen Wandfresken verziert, und sehr hell und luftig, da sie auf den großen quadratischen Innenhof zeigten. Leider ist die Anlage zur Zeit für die Besucher gesperrt.

Im Süden grenzen die Insula del Graffito (Insula der Wandschriften) und die Insula delle Pareti Gialle (Insula der gelben Wände) an. Auch sie stammen aus der hadrianischen Epoche und sind mit schönen Fresken an den Wänden und in den Gewölben verziert. Diese Gebäude waren dreistöckig, die Malereien in den Zimmern wurden schon im 4. Jh. neugestaltet. Wie auch die Insula der Musen sind sie für die Besucher gesperrt.

Vorbei am Thermopolium (Verkauf von warmen und kalten Speisen), kommt man zu Insula delle Trifore(Insula der Drillingsfenster) aus der Mitte des zweiten Jahrhunderts. Dieses schmale, sehr lange Gebäude wurde nach den Serien von jeweils drei nebeneinanderliegenden Fenstern benannt. Auch hier kann man Spuren von Wandmalereien finden.

Man geht von hier aus auf dem Decumanus weiter, biegt sofort rechts ab und steht dann vor der großartigen Domus del Ninfeo (Domus des

Insula der gelben Wände

Nymphäums), eines der schönsten und interessantesten privaten Bauwerke Ostias. Für den Bau dieser Domus baute man einen Gebäudekomplex aus dem zweiten Jahrhundert n.Chr. um. Die Tabernae (Läden), die auf den Decumanus Maximus zeigten, behielt man bei. Die heute zu sehende Domus stammt aus dem vierten Jahrhundert. Zu dieser Zeit befand sich die Stadt schon im Niedergang und begann sich zu entvölkern. Einige reiche Herren konnten sich den Luxus leisten, unbewohnte Häuserblocks zu erwerben, und sie nach ihren Bedürfnissen umzubauen. Den langen, schmalen Hof schmückte ein Nymphäum mit sich abwechsenden halbrunden und rechteckigen Nischen. Dazwischen quoll aus kleinen künstlichen Kaskaden Wasser hervor, das sich in einem langen, schmalen, mit Spolienmarmor verkleideten Becken sammelte. Ein leicht erhöhter Saal mit einem dreibögigen Fenster zeigte auf den Hof. Ein Portikus führte zu den großen Säalen und den kleineren Raumen, einer davon mit Absis. Jenseits des Hofes lagen die Zimmer der Sklaven. Besonders interessant sind die Kapitelle der Säulen in Kompositordnung am Eingang des Saales. Die schematisierten Akanthusblätter sowie die glatten Voluten sind ein typisches Stilmerkmal des vierten Jahrhunderts. Beachtenswert ist auch der Fußboden dieses Raumes mit geometrischen Motiven, bei denen verschiedenfarbige Marmorsorten verwendet wurden (=opus sectile). Die Kapitelle der Säulen sind restauriert.

Domus des Nymphäums

In der Nähe befindet sich auch die Domus der Dioskuren. Sie ist vielleicht auf Grund ihres verwinkelten Grundrisses sowie der Baufälligkeit der Ruinen weniger eindrucksvoll als die vorherige Domus, ist aber eine der größten in Ostia. Auch hier hat man eine Wohnanlage aus dem 2. Jh. im 4. Jh. in ein herrschaftliches Haus umgebaut. Dabei baute man eine Eingangshalle an, verwandelte Zimmer in Höfe, restaurierte das Schlaf- und Wohnzimmer und ließ kostbare Mosaiken legen. Das Mosaik im mittleren Raum stellt Dyonisos dar, nach ihm wurde die Domus benannt, im Nebenzimmer sieht man Venus auf einem Triton umgeben von Nereiden, die auf Seeungeheuern reiten. Einzigartig ist abgesehen von der Wohnhalle links auch das private Thermalbad, das einzige, das man in einer Domus in Ostia gefunden hat. Es ist ein deutliches Zeichen für den Wohlstand des unbekannten Besitzers. Man geht dann hinter der Domus der Dioskuren weiter und kommt zu einem ganz einzigartigen Viertel, dem der Häuser mit Gärten, die wie auch die folgenden Gebäude in der hadrianischen Epoche (117-138) erbaut wur-

Längsansicht der Insule

Häuser mit Gartenanlage

den, als große Teile der Stadt restauriert und erweitert wurden. Der Besuch dieses Viertels ist lohnenswert, da man sich einen Eindruck von den Wohnungen der wohlhabenden Klassen Ostias verschaffen kann. Vom Wohlstand zeugen die vielen Fresken. Diese Gebäude sind die luxeriösere Form der zuvor schon erwähnten Casette-tipo (siehe S.45). Alle waren gleich groß und von einem privaten Garten umgeben. Zwei große Räume zeigten auf einen rechteckigen Innenhof, um den herum auch die kleineren Zimmer lagen. Im Inneren der Wohnungen führten Treppen in die oberen Stockwerke. Die Wände sind mit in dieser Periode typischen Fresken aus gelben und roten Vierecken verziert. Der gemeinschaftliche Garten dieser Wohnanlage war von anderen Wohnungen umgeben. Hier befanden sich quadratische Wasserbecken, durch einen schön geschwungenen Bogen kommt man auf die Parallelstraße des Cardo degli Aurighi (Cardus der Wagenlenker). Heute ist diese Gartenanlage mit einem dichten Teppich aus Gras bewachsen.

Brunnen bei den Häusern mit Gartenanlage

vom Caseggiato della Fontana (Haus des Brunnens) zur Synagoge

Zurück auf dem Decumanus gelangt man links zu dem Caseggiato della Fontana con lucerna (Haus des Brunnens mit Öllampe), ebenfalls aus der hadrianischen Zeit stammend. Es wurde nach einem schönen Brunnen auf der Straßenfront benannt, in dessen Mitten sich einen Öllampe mit sieben Öffnungen befand, aus denen Wasser hervorsprudelte. Der Portikus hinter dem Wasserbecken reichte bis zur Caupona (Gasthaus) des Alexander. Dieses erhielt seinen Namen nach einer Inschrift aus der Mitte des 2. Jh. auf dem Fußboden. Die erotischen Malereien lassen vermuten, das sich in diesem Gebäude ein Freudenhaus befand.

Caseggiato des Brunnens mit Öllämpchen

Rechts davon liegen die Thermen Marittime aus der hadrianischen Epoche mit Umbauten aus der spätantiken Zeit. Sie sind zur Zeit für die Besucher gesperrt. Man befindet sich nun vor der Porta Marina, einem der Stadttore. Es ist ungefähr 1,2 Kilometer von der Porta Romana entfernt und besteht nur aus einem einzigen Raum mit zwei Türmen an den Außenseiten. Die Mauern sind etwas dicker als bei den anderen Toren, um die Stadt besser vor Angriffen vom Meer zu schützen.

Links liegt das Forum der Porta Marina bestehend aus einem großen, von Laubengängen umgebenen Hof und einer Absis aus der hadrianischen Periode. Rechts ein Grabmal, bei dem der ältere, quadratische Steinblock in eine Mauer aus der Zeit Hadrians integriert wurde.

Gleich dahinter sieht man die Domus Fulminata aus dem späten 1. Jh. mit Restaurierungen aus dem 2. und 3. Jahrhundert, die einen von Säulen umgebenen Hof mit einem Brunnen in der Mitte aufweist.

Gegenüber der Straße findet man das Heiligtum der Bona Dea. Der Mysterien-Kult dieser Fruchtbarkeitsgöttin war allein den Frauen vorbehalten. Das Gebäude aus dem 1. Jh. n.Chr. wurde vermutlich im 4. Jh. umgebaut.

Rechts davon liegt das Grab des Cartilius Popiclola aus dem ersten Jahrhundert n.Chr.. Offensichtlich handelte es sich um eine wichtige Persönlichkeit, so dass sein Grab bei den Umbauten in der hadriani-

Caupona des Alexander

Thermen der Porta Marina

schen Zeit nicht zerstört wurde. Die bei den Restaurierungen ergänzte Inschrift erinnert an die politische Karriere dieses Mannes (achtmal Duovirus und dreimal Zensor). Seine Statue ist im Museum ausgestellt.

Liktorenbündel mit jeweils acht Bündeln pro Seite weisen vermutlich darauf hin, dass er ein wichtiges Amt bekleidete. Auf der rechten Seite des Frieses sieht man einen Schiffsschnabel und Soldaten, diese Darstellung weist wahrscheinlich auf einen Kampf hin, bei dem die Küste verteidigt wurde.

Ein Stück weiter vorn liegen die schönen Thermen der Porta Marina. Die Anlage aus der trajanischen Zeit (98-117) wurde auf älteren Konstruktionen aus dem ersten Jahrhundert n.Chr. erbaut, Mitte des 2. Jh. fertiggestellt und Anfang des 6. Jh. restauriert. Geht man den Weg weiter kommt man zu der Synagoge. Sie liegt isoliert von den übrigen Gebäuden der süd-westlichen Zone der Ausgrabungsstätte. Diese beeindruckende jüdische Kultstätte zeugt davon, dass es in Ostia einst eine reiche und zahlenmäßig starke jüdische Gemeinde gab (siehe S.12).

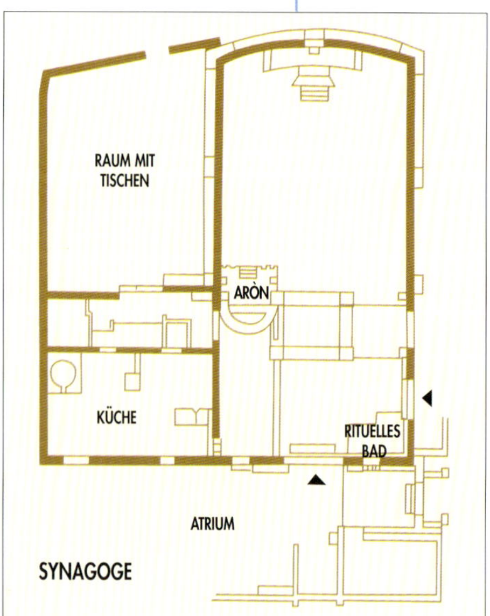

Die aus der Mitte des ersten Jahrhunderts n.Chr. stammende Synagoge entdeckte man 1961, sie zählt zu den ältesten Italiens, Europas und vielleicht der ganzen Welt. Im 4. Jh. wurden Restaurierungen durchgeführt.

Aus der älteren Epoche stammen die Teile in opus reticolatum, aus der jüngeren die in opus listatum. In der Antike lag das Gebäude am Rande der Via Severiana in der Nähe des Strandes (heute verläuft dort die Straße).

Die Nähe zum Meer kann man vielleicht damit erklären, dass so die Becken zur Puri-

Synagoge

fikation leichter mit Wasser gefüllt werden konnten. Von der Via Severiana aus gelangte man in ein Atrium mit einem kleinen Brunnen, der vermutlich aus einer späteren Epoche stammt.
Dieser Platz ist auch auf der Fassadenseite offenen und zum Strand hin nach Süd-Osten hin ausgerichtet. Es ist nicht auszuschließen, dass es noch einen zweiten Eingang gab.
Im Hauptteil befanden sich: das rituelle Bad, in dem sich Männer und Frauen vor der Heirat reinigten, einen Raum von dem aus die Frauen der Zeremonie beiwohnten, ein mit vier Säulen begrenzter Raum, ein Gebetsraum mit halbrunder Wand und einem Altar an der Rückwand. Möglicherweise teilten die zwei Säulen an den Seiten des Altares zusammen mit den anderen vier den Raum in drei Schiffe. In der Absis befinden sich zwei schlanke, kostbar ausgeführte Säulen. Sie stützen Konsolen in die siebenarmige Leuchter eingehauen sind. An diesem Ort wurde auch Aròn, der heilige Schrein mit der Thorarolle aufbewahrt.
Dieser zeigte in Richtung der Stadt Jerusalem. In den Räumen auf der linken Seite lagen: eine Küche mit Ofen und Marmortheke zur Herstellung von ungesäuertem Brot.
Von dort aus gelangte man über ein anderes Zimmer in einen größeren Raum mit an der Wand stehenden Bänken. Hier versammelte sich die Gemeinde.

Teilansicht der Konsole mit Kandelaber

Eingang der trajanischen Schola

Zurück auf dem Decumanus, kommt man an dem Gebäudekomplex der Tabernae mit Fenstern aus dem zweiten Jahrhundert vorbei. Rechts befindet sich die Schola des Trajan, ehemals vermutlich Sitz der Zunft der Schiffbauer. In dem Gebäude aus dem 2. Jh. findet man einen großen Innenhof mit Laubengang und einem Brunnen in der Mitte. Im hinterne Teil gab es eine Absis, heute noch an den hübschen gedrehten Säulen zu erkennen. Gegenüber liegt der Tempel dieser Zunft, in dem die noch nicht restaurierten Säulen gelagert werden.

Auf derselben Seite, ein bißchen weiter vorne, gab es eine christliche Basilika. Dieses bedeutende Gotteshaus entstand zwischen Ende des 4. und Anfang des 5. Jahrhunderts in einem Gebäudekomplex, der ursprünglich als Thermalanlage diente. Einige sind der Meinung, dass es sich um die Kirche des Heiligen Petrus und Paulus handelt, die in einigen alten Texten erwähnt wird. Andere zufolge gab es eine kleine Kirche auf der linken Seite und rechts daneben eine Taufkapelle, Heute sieht man die Reste von zwei langen schmalen Räumen, die ursprünglich von fünf Säulen getrennt wurden. Dahinter lagen zwei richtige Kirchenschiffe, die in Absiden endeten.

Am Eingang in die Kirche auf der linken Seite kann man auf dem Gebälk über zwei Säulen mit korinthischen Kapitellen folgende Inschrift lesen:

Nymphäum in der Schola des Trajan

IN (Cristo) GEB, FISON
TIGRIS, EUFRATA
TI CR(st) IANORUM
DUMITE FONTES

Übersetzt: „In Christus, Geon, Fison, Tigris, Euphrat. Nähert euch den christlichen Quellen. Man beachte, dass das Wort Christus mit dem Crismon, d.h. der Kreuzung der ersten zwei Buchstaben seines Namens auf griechisch Chi und Rho dargestellt ist.

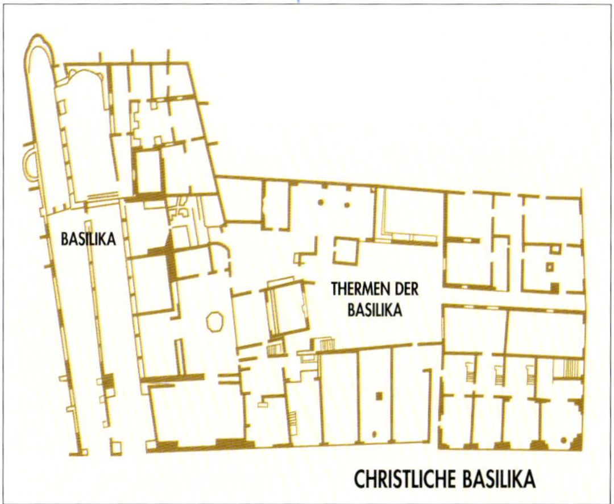

Die hier angeführte Inschrift weist auf die vier Flüsse Edens hin, die im zweiten Buch der Genesis erwähnt werden (dies bestätigt die Annahme, dass es eine Taufkapelle gab). Außerdem interpretieren einige Archäologen die zwei Buchstaben „TI" als Abkürzung für TIGRINIANORUM, der Sekte der Tigrinianer. Andere sind hingegen der Meinung, dass es sich um einen Fehler der Baumeister handelt, die in der Eile eine schon behauene Steintafeln verwendet hätten. Vom Vicolo del Dioniso aus, hinter zwei weiteren Gebäudekomplexen, liegt auf der rechten Seite das Mithräum der Sieben Türen. Es wurde um 160-170 n.Chr. im Innernen eines Gebäudes aus dem ersten Jahrhundert mit zahlreichen späteren Umbauten, eingerichtet. Wieder findet man die in den Mithräen typischen Seitenpodien. Die hintere Wand war rot bemalt, der Farbe der Sonne und des Feuers. Hier war eine hellblau ausgemalte Nische mit einem Rundbogen eingelassen. Die Malereien über den Podien stammen aus dem dritten Jahrhundert und symbolisieren das Wiederaufblühen der Natur dank Mithras. Auf dem Boden in der Nähe des Einganges zeigt ein Mosaik ein architektonisches Motiv mit sieben Arkaden, die von Säulen mit klassischen Kapitellen gestützt werden. Sie stehen für die sieben Stufen der Initiation, durch die man zum wirklichen Leben gelangen sollte. Die größte Tür in der Mitte, war die der Sonne. Auf den Podien findet man außerdem Symbole für Cautes und Cautopates und im hinteren Bereich ein Mosaik mit einem Krater (Symbol des Wassers), einer Schlange, die sich aus einem Felsen hervorschlängelt (Symbol der Erde), einem Adler (Symbol der Luft), der eine Blitz (Symbol des Feuers) abfängt. Außerdem: Jupiter mit einem Blitz in der Hand, der sich auf das Zepter stützt und einen bärtigen Saturn mit verhülltem Haupt.

An der Kreuzung zwischen der Via della Foce und dem Decumanus, liegen an einem Atrium mit mächtigen Säulen, zwei berühmte Tabernae aus dem dritten Jahrhundert. Die Verkaufstische aus Marmor sind perfekt erhalten. Da man an diesem Ort Wasserbecken sowie Reste

Inschrift der christlichen Basilika

Taberna der Fischverkäufer

von Öfen gefunden hat, wird vermutet, dass hier Fische verkauft und vermutlich auch zubereitet wurden.

Die Inschrift INBIDE ,CALCO TE (ich zermalme dich, Neider) gehört zu der Darstellung eines Delphins, der einen Kraken frisst. Der Delphin war bei den Fischern sehr unbeliebt. Auf der Rückseite verkaufte man Fleisch im „Macellum", welches auf die zum Markt führende Straße zeigte.

In der Via di Iside (Straße der Isis) gab es einen Tempel, der dieser ägyptischen Göttin geweiht war. Sie war die Gattin des Osiris und galt als Schutzpatronin der Seeleute.

Ihr Kult verbreitete sich ab dem 1. Jh. n.Chr. wahrscheinlich kam er mit den ägyptischen Seefahrern an die Tibermündung. Der höhste Festtag des Isiskultes wurde am 5. März gefeiert, an dem man dem „navigium Isidis" (Schiff der Isis) huldigte.

Von der Via del Tempio Rotondo (Straße des runden Tempels) kommt man zu einem zweiten Tempel des Kollegiums aus dem 2. Jh. mit Umbauten aus dem 3. Jh. Er gehörte wahrscheinlich zum Kollegium der Werghersteller.

Später richtete man in seinem Inneren ein Mithräum ein. Von dort aus gelangt man zu der Domus der Rundtempels aus dem 2. Jh. mit Umbauten aus dem 3. und 4. Jahrhundert, die nur schlecht erhalten ist: Um einen Hof mit einem Becken in Bodenhöhe herum sind die verschiedenen Zimmer angeordnet. Der Hauptsaal ist leicht erhöht mit einem dreibögigen Fenster. Der Fußboden des gesamten Hauses war mit Mosaiken bedeckt.

von den Thermen des Forums zum Caseggiato der Triklinien

Man kommt nun zu den Thermen des Forums, dem wichtigsten und größten Komplex in Ostia. Sie befinden sich in der Stadtmitte und wurden, wie aus den Ziegelsteinsiegeln und Inschriften hervorgeht, in verschiedenen Phasen erbaut. In der ersten Phase, von 150 n.Chr. ab, erbaute man unter den Kaisern der Antoninischen Dynastie die Hauptgebäude. Hier befanden sich außer dem Frigidarium (Kaltwasserbecken), Schwitzbäder, das Tepidarium (Warmwasserbecken) und das Caldarium (Heißwasserbecken). Die zweite Bauphase begann unter den Kaisern der Severianischen Dynastie (Ende des 2., Anfang des 3. Jh.), in der Um- und Anbauten durchgeführt wurden. In der dritten Phase errichtete man die halbrunde Wand im Frigidarum und das angrenzende Forum der Statua Eroica (Heldenstatue) sowie die Räumlichkeiten bei der Palästra mit charakteristischen spätantiken ionischen Kapitellen. Der Eingang in die Thermen befand sich auf der Westseite des Forums.

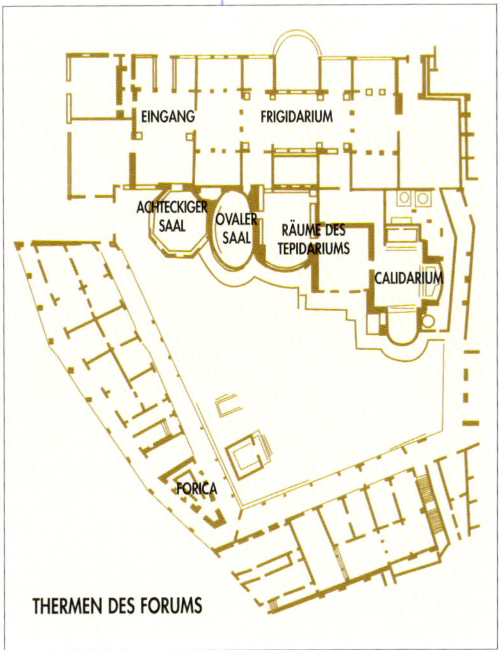

Von dort aus gelangte man durch symmetrisch angeordnete Räume in des Frigidarium, in dem es zwei Becken an den Seitenwänden gab. Geht man in Richtung Atrium zurück, kommt man durch interessante Räume, die orginelle Formen aufweisen und zu unterschiedlichen Zwecken genutzt wurden. Alle sind nach Süd-Westen ausgerichtet, so dass durch die großen Fenster Licht und Wärme besonders in den Nachmittagsstunden einfiel, in denen die Thermen besonders gern von den Bewohnern der Stadt besucht wurden. Der Raum mit dem achteckigen Grundriss war vermutlich ein Heliocaminus (= ein nach der Sonne ausgerichtetes Zimmer, das im Winter genutzt wurde). Von hier aus gelangte man durch einen schmalen Gang in ein Zimmer mit orginellem ovalen Grundriss, wo sich vermutlich das Laconicum (= Schwitzbad) befand. Man kann heute noch die Terracottaröhren erkennen, die zwischen dem Mauerwerk und der Marmorverkleidung verliefen (Sie dienten zur Beheizung des Zimmers mit heißer Luft aus den unterirdischen Räumen, wo sich die Heizöfen befanden). Die Bänke an den Seitenwänden unterstreichen die besondere Form dieses Zimmers, das ursprünglich mit einer Kup-

Thermen des Forums, Ovale

Tonröhren

Thermen des Forums

pel überdacht war. Man kommt dann in weitere Räume, die durch Terracottarohre beheizt wurden und vermutlich als Tepidaria (=Warmwasserbäder) dienten. Im ersten Raum sieht man zwei Pilaster mit Kapitellen in Kompositordnung, im zweiten zwei schöne, restaurierte korinthische Säulen.

Der hinterste Raum war ein Calidarium (Heißwasserbad). Hier gab es drei Becken, die mit heißem Wasser aus zwei Heizöfen, die sich hinter dem linken Becken befanden, gefüllt wurden. Diese sind zur Zeit nicht zu besichtigen. Ein langer, schmaler Korridor führte zu einem mit Säulen umgebenen Platz mit trapezförmigen Grundriss. Hier ging man verschiedenen Sportarten nach. Sicherlich ist dies eine der malerischten Ecken das antiken Ostia. Mit ein bisschen Phantasie kann man sich vorstellen, wie einst die Südseite der Thermen des Forums aussah. Interessant sind außerdem die Latrinen und ein kleiner Tempel ohne Widmung, der auf den Platz zeigt.

In den Thermen hat man große, unterirdische Räume gefunden, die dazu dienten, den gesamten Gebäudekomplex zu heizen. In der Nähe der „semita dei cippi" befindet sich einen Zisterne, von der mit Hilfe eines Rades von etwa zehn Metern Durchmesser, Wasser tief aus der Erde emporgefördert wurde.

Forica

Man schlägt nun die Via della Forica ein. Hier kann man eine öffentliche Latrine aus dem späten 4. Jh. besichtigen. Sie wurde im Inneren von zwei älteren Läden eingerichtet. Ein wenig weiter vorn liegt das Forum della Statua Eroica (Forum der Heldenstatue), das auch aus der spätantiken Epoche stammt und auf Präexistenzen aus dem 2. Jh. n.Chr. errichtet wurde. Es handelt sich hierbei um einen quadratischen, von Laubengängen umgebenen Platz. Der Name kommt von der Statue eines Mannes, die in der Mitte des Forums ihren Platz hatte.

Vom Decumanus aus gelangt man zum Caseggiato der Triklinien aus dem 2. Jh. n.Chr., so genannt wegen den Bänken an drei Seiten der rechteckigen Räume.

von der Domus des Cardus zum Platz der Magna Mater

Man geht anschließend weiter auf dem Cardus Maximus entlang und erreicht hinter der Forica die Domus di Giove Fulminatore (Jupiter der Blitzwerfer) aus dem 2. Jh. n.Chr.. Sie verdankt ihren Namen einer Steintafel mit einer Widmung in griechischer Sprache an Jupiter, der Blitze schleudert. Die Domus wurde im vierten Jahrhundert umgebaut, ihr Grundriss folgt dem üblichen Schema: Alle Zimmer gehen auf einen Innenhof mit Impluvium. Die Rückwand mit Nischen ist aus der spätantiken Epoche. Danach gelangt man zu einem Haus mit weiteren Nischen und einem Mosaik aus dem 1. Jh. v.Chr. sowie zwei Höfen: Der erste mit Wasserbecken, der zweite mit Brunnen. Die mit Mosaiken verzierte Nische stammt aus dem 2. Jahrhundert.

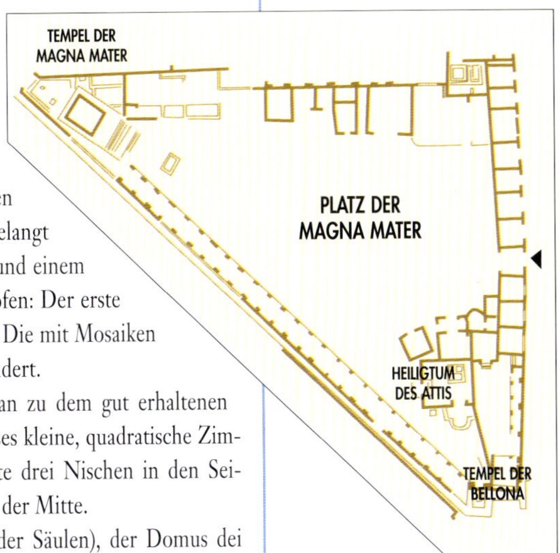

Geht man von dort aus weiter, gelangt man zu dem gut erhaltenen Nymphäum der Eroten aus dem 4. Jh.. Dieses kleine, quadratische Zimmer war ganz mit Marmor verkleidet, hatte drei Nischen in den Seitenwänden und ein quadratisches Becken in der Mitte.

Nach der Domus delle Colonne (Domus der Säulen), der Domus dei Pesci (Domus der Fische) und der Caupona del Pavone (Wirtshaus zum Pfauen) findet man das Caseggiato di Ercole (Herkules) mit Resten der Verkaufstische und die Thermen des Leuchtturms. Man kommt dann an einen weiten, offenen Platz, der „Campo della Magna Mater" genannt wird und von besonderem Interesse ist. (Magna Mater war eine römische Göttin, die der orientalischen Fruchtbarkeitsgöttin Kybele entsprach). Die Anordnung der Gebäude auf dieser Kultstätte geht in das 2. Jh. n.Chr. zurück. Der Platz hatte einen dreieckigen Grundriss, die längste Seite bei der Stadtmauer wurde von einem Portikus mit Ziegelsteinsäulen begrenzt, die nord-östliche Seite von Tabernae, die auf die Straße zeigten. Auf der nord-westlichen Seite grenzte er an die Thermen des Leuchtturms und das Mithräum der Tiere. An der Spitze dieses dreieckigen Platzes findet man verschiedene kleinere Tempel, die alle orientalischen Kulten geweiht waren. Der bedeutenste und am leichtesten zu findende ist das Heiligtum des Attis, einem Hirtengott aus Phrygien, der der Legende nach von Kybele gezwungen wurde, sich aus Liebe zu entmannen. Das Heiligtum besteht aus einer fast quadratischen Einfriedung mit einem leicht in den Boden eingelassenen Wasserbecken in der Mitte. Dahinter liegt die kleine, rechteckige Cella mit Absis und Seitennischen. Am Eingang sieht man zwei Telamonen (=Säulen, die wie eine Statue geformt sind). Sie stehen auf einem Sockel und stellen den Gott Pan dar. Im Inneren befindet sich die Reproduktion einer Statue des Attis, das

Heiligtum des Attis

Platz der Magna Mater

Orginal ist im „Museo lateranense" ausgestellt. In derselben Ecke des Dreiecks folgen weitere, nicht vollständig identifizierte Einfriedungen. Man gelangt dann zu der Schola der Hastiferi (Lanzenträger, vielleicht rituelle Tänzer) und in der Ecke bei der Mauer zum Tempel der Bellona. Sie war eine antike latinische Kriegsgöttin, vergleichbar mit der in Kleinasien verehrten Göttin Ma. Das Gebäude stammt aus dem frühen 2. Jh. n.Chr., wurde aber in der Folgezeit stark umgebaut. Es besteht aus einem trapezförmigen Hof. Auf diesen zeigt ein Tempel mit Atrium, zwei frontalen Säulen und rechteckiger Cella.

In der gegenüberliegenden Ecke, in der Nähe der außerhalb liegenden Straße, befindet sich der Tempel der Kybele, einer orientalischen Fruchtbarkeitsgöttin, die mit Attis verbunden war. Das Gebäude aus der Mitte des 2. Jh. weist die typische Bauweise der heidnischen römischen Tempel auf. Über eine Treppe kam man auf das Podium, vor der Cella lag der Pronaos oder das Atrium mit wahrscheinlich vier Säulen auf der Frontseite. Den Gläubigen war der Zutritt zum Tempel verwehrt. Die Riten wurden im Freien vor dem Tempel abgehalten, wo man heute noch Reste des Altars findet.

Links des Heiligtums findet man das Mithräum der Tiere. Es gehörte ursprünglich nicht zum „Campo della Magna Mater" und der Eingang lag auf der Westseite. Anders als normalerweise in den Gebäuden des Mithraskultes, gab es hier keine seitlichen Podien. Leider ist das Mithräum nur schlecht erhalten. Man erbaute es im 2. Jh. zusammen mit den Tempeln des Attis und der Kybele, orientalischen Gottheiten aus Phrygien. Interessant ist das Mosaik auf dem Boden, vom Altar aus sieht man:

- einen unbekleideten Mann mit struppigen Haaren, der in der Hand eine Sichel und eine Kohlenschaufel hält (vermutlich um die Glut zu transportieren).
- einen Hahn, das Tier, das den Tag ankündigt mit einem Raben oder einem Käuzchen, eine der Stufen der Initiation des Kultes
- ein Skorpion, Symbol der Zerstörung, da er fähig ist einen Stier zu töten
- den gewundenen Leib einer Schlange, der Legende des Mithraskultes nach, soll sie das Blut des vom Skorpion getöteten Stieres getrunken haben.
- der Kopf des Stieres und das Messer mit dem er getötet worden sein soll.

Tempel der Bellona

von der Domus der Medusa zur via degli Augustali

An der Piazza dei Gorgoni liegt die Domus der Medusa aus dem 3. Jh. n.Chr.. Die um einen kleinen trapezförmigen Hof herum angeordneten Räume, weisen unregelmäßige Formen auf. In einigen findet man Mosaike, die Medusenhäupter darstellen, d.h. mythologische Figuren mit Schlangen anstelle von Haaren und geöffneten Flügeln. Der Sage nach konnte die Medusa Menschen mit ihrem Blick versteinern und wurde von Perseus getötet.

Domus der Fortuna Annonaria

Man geht dann an der Mühle vorbei und kommt zum „Domus del Protiro" (Domus der Vorhalle). Die Restaurierungsarbeiten wurden 1990 abgeschlossen, auch dieses Haus aus dem 4. Jh. wurde auf Präexistenzen erbaut. Vom Eingang mit Säulen, die einen eleganten, dreieckigen Giebel stützen, gelangt man durch einen Korridor in eine Nymphäum und anschließend in den Hof. Der Hauptsaal wies ein dreibögiges Fenster sowie Fußbodenmosaike auf. Unter der Villa befand sich eine große Zisterne. Es empfiehlt sich, die Treppen hinaufzusteigen, um sich ein Bild von der Aufteilung der Räume zu machen.

Man geht dann weiter und kommt an den Thermen des Philosophen vorbei, biegt dann in die Via della Fortuna Annonaria ein, wo sich die gleichnamige Domus befindet. Sie entstand in einem Gebäudekomplex aus dem 2. Jh. n.Chr., war mindestens zwei Stockwerke hoch und hatte auf der Straßenseite verschiedene Läden. Im Laufe des 4. Jh. baute man den Gebäudekomplex in eine luxeriöse Residenz aus und schuf einen Innenhof. Die Domus wurde nach einer Statue benannt, die man im Garten auf der rechten Seite gefunden hat. Durch das Vestibulum mit einer äußeren Vorhalle kommt man in den Garten, der auf drei Seiten von Säulen umgeben ist. Von hier aus hat man rechts Zutritt in den Hauptsaal mit einer halbrunden Absis und Nische an der Hinterwand. Links befindet sich das Nymphäum mit einem länglichen, rechteckigen Wasserbecken. Interessant sind die ausgekehlten Säulen mit stilisiertem Kapitell in Kompositordnung, über denen sich ein sogenannter Teller befindet (trapezförmiger Block zwischen dem Kapitell und der Verankerung des Bogens, viel verwendet in der byzantinischen Architektur, um die Bögen zu strecken). Man sieht hier deutlich, wie im 4. und 5. Jh.

Eingang der Domus in der Vorhalle

Mithräum des Felicissimus

n.Chr., als der Niedergang des Weströmischen Reiches schon begonnen hatte, viele klassische Stilmerkmale verlorengingen. Links gab es hingegen einen großen Raum mit Mosaikboden.
Auch die folgende Domus stammt aus der spätantiken Epoche (3. Jh. n.Chr.). Sie wurde fälschlicherweise Caseggiato dei lottatori (Wohnanlage der Ringer) genannt, vermutlich weil hier in der Kaiserzeit das gleichnamige Kollegium seinen Sitz hatte. Vom Eingang aus kommt man in einen Hof mit einem Wasserbecken in der Mitte. Von hier gehen die verschiedenen Räume ab, unter anderem auch der Hauptsaal, in dem man kunstvoll ausgeführte Mosaiken mit schwarzen Motiven auf weißem Grund sieht.
Rechts auf derselben Straße liegt das Mithräum des Felicissimus aus der zweiten Hälfte des 3. Jh. n.Chr.. Es weist den typischen Grundriss dieser Kultstätten auf: ein länglicher Raum mit seitlichen Wandbänken, der Eingang versetzt zum Altar, um indiskrete Blicke von Nicht-Gläubigen zu vermeiden. Interessant sind in diesem Mithräum vor allem das Bodenmosaik, das die verschiedenen Stufen der Initiation darstellt. Vom Eingang aus findet man:
- ein Krater (Symbol des Wassers), ein Altar mit Feuer, zwei kegelförmige Kappen der Dioskuren, die den Himmel verkörpern.
Außerdem in den verschiedenen Vierecken:
1- ein Rabe, ein rituelles Gefäß und ein Merkurstab (Stab mit zwei Schlangen), Symbol des Merkur
2- eine Öllampe, ein Diadem (Symbol der Venus)
3- ein Quersack, Helm und eine Lanze, Symbole für die Soldaten, die von Mars beschützt werden
4- Kohlenschaufel zum Feuerschüren, Blitz und antikem Musikinstrument, Symbol für Jupiter
5- Degen, Sichel mit Stern und Halbmond, zeigen den Schutz dieses Sternes an
6- Sonnenkranz, Fackel und Peitsche für das Viergespann, das auf die Sonne hinweist.
7- Teller, Zauberstab, Helm und Degen symbolisieren Saturn
Außerdem sieht man ein Gefäß mit Ähren und Blütenzweigen, die die Schöpfung der Welt durch Mithras darstellen sowie die Inschrift:
FELICISSIMUS EX VOTO F(ecit)
Geschaffen von Felicissimus als Votivgabe

Teilansicht des Mosaiks im Mithräum des Felicissimus

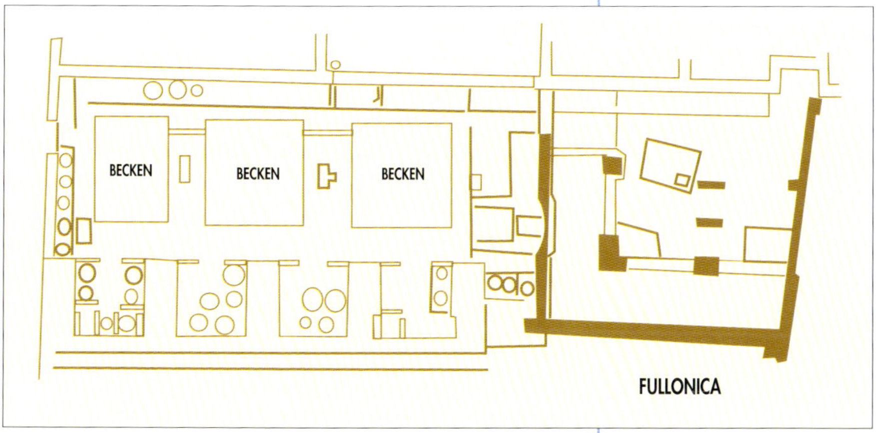

Man biegt von dort aus dann links in die Via degli Augustali ein und kommt zur Fullonica, einer antiken Wäscherei. In einem rechteckigen Raum mit Ziegelstein-Pilastern in der Mitte findet man vier Becken, in denen die Wäsche gewaschen oder gefärbt wurde. Das Gebäude stammt aus dem 2. Jh. n.Chr. wurde aber in späteren Epochen umgebaut. Bemerkenswert sind die noch sichtbaren Wasserleitungen sowie rechts, in der Nähe der Außenmauer in opus reticolatum, die Reste der Suspensuren (aufeinander gemauerte Ziegelsteine), durch die das heiße Wasser in die Becken lief. Zwischen den Pilastern waren Holzbalken angebracht, über die die frisch gewaschene oder gefärbte Wäsche gehängt wurde. Auf drei Seiten findet man bis an den Rand in den Boden eingelassene Gefäße. Diese standen dicht beieiander, um den „saltus folloni-cus" zu ermöglichen, d.h. die Bediensteten sprangen von einem Gefäß zum anderen, hüpften und stampften mit den Füßen auf der Wäsche herum, die auf diese Weise gewaschen wurde. An der vierten Wand befanden sich links kleine Gefäße und Wandbänke. Es ist unbekannt, ob der mittlere Bereich überdacht war oder nicht. Die Pilaster sind bei den Ausgrabungen wieder aufgerichtet worden (vom der Einkerbung im Ziegelsteinmauerwerk bis oben). Das moderne Wetterdach dient nur dazu, die Ausgrabungsstätte zu schützen. Man kann nun bevor man die Besichtigungsroute beendet, einen Blick auf die Nekropolis werfen.

Ein Gefäß in der Fullonica

Nekropolis

Auf dem Weg zurück zum Ausgang, kommt man rechts an der Nekropolis vorbei. Die ersten archäologischen Ausgrabungen wurden hier Mitte des 19. Jh. durchgeführt und zwischen 1910 und 1920 fortgesetzt.

Die römischen Nekropoli (aus dem griechischen = Totenstadt) lagen aus hygienischen Gründen außerhalb der Stadt entlang den Hauptstraßen. Berühmt sind die Gräber des antiken Roms an der Via Appia. In Ostia gibt es Totenstädte entlang der Via Ostiense, der Via Laurentina (sofort hinter dem gleichnamigen Stadttor) und entlang der Via Severiana in Richtung der Stadt Porto.

Man hat außerdem zwei Grabmale auf der Verlängerung des Decumanus, gleich hinter der Porta Marina in Richtung Meer gefunden. Es liegen keine Funde von Grabmälern aus der Gründungszeit Ostias im 4. Jh. vor. Es wird angenommen, dass man über die außerhalb der Stadtmauern liegende Nekropoli in der Kaiserzeit neue Gebäude errichtet hat.

Die Bestimmung des Alters der Gräber an der Via Ostiense hat sich als sehr schwierig erwiesen, da man oft älteres Baumaterial wiederverwendete.

Größtenteils handelt es sich um Bauten aus dem 1. Jh. v.Chr. als vor allem Feuerbestattungen durchgeführt wurden. Die Asche füllte man

Via delle Tombe (der Gräber)

in kleine Urnen. Ab dem 2. Jh. setzte sich zunehmend die Bestattung in Gräbern durch. Die Via dei Sepolcri, Parallelstraße der Via Ostiense stammt aus dem 2. Jh. n.Chr. als sich die Nekropolis auch jenseits der Hauptstraßen ausbreitete. Die Gräber waren mit verputzten Mauern umgeben und normalerweise ohne Dach.

Grabmal der kleinen Bögen

Im folgenden Abschnitt stellen wir vier der interessantesten Grabmäler vor.

Geht man rechts die Via Ostiense entlang und durch die Porta Romana hindurch, so kann man das Grab das Fabrizius Fabius Ermogene aus dem 2. Jh. n.Chr. besichtigen. Man erkennt es an einer Marmortafel, die das würfelförmige Grabmal verschließt und auf der noch der Name zu lesen ist.

Schlägt man den kleinen Weg auf der rechten Seite ein, der auf die Via dei Sepolcri führt, sieht man folgendes:

- Das Grab der kleinen Bogen aus der Mitte des 1. Jh. v.Chr.. Der Eingang befand sich ursprünglich auf der entgegengesetzten Seite (man kommt über einen schmalen Weg dorthin). Die Fassade weist sechs Lisenen aus Ziegelsteinen auf, die fünf Fenster einrahmten. Die oberen Bögen sind mit jeweils unterschiedlichen Motiven dekoriert, aber immer wechseln sich gelbe und rote Steine mit grauem Bimsstein ab. Die Wände waren außerdem verputzt. Bei der Rekonstruierung des Grabmales wurde der Eingang auf die Via dei Sepolcri verlegt. Hier kann man gut einen Architrav mit den eingemeißelten Lettern MHN sehen, bei denen man rechts und links die Buchstaben H und S hinzufügen muss.

Teilansicht der Inschrift MHN

So ergibt sich die Abkürzung des Satzes H(oc) M(onumentum) H(aedes) N(on) S(equetur): Die Erben werden dieses Monument nicht besitzen.

- Das Grab mit Zwillings-Kolumbarien, so genannt wegen der zwei symmetrischen Seitenkammern, circa aus dem Jahr 50 n.Chr.. Der Eingang lag auch auf der Nordseite, folglich an der hinteren Straße, auf die eine hübsche Backsteinfassade zeigte.

Zwei Treppen führten im Inneren in die Räumen im oberen Stockwerk, während sich in der Mitte, auf der Via dei Sepolcri, der Ort für die Einäscherung befand.

Zwillings-Kolombaren

- Das Grab der Ovii.Es liegt etwas zurückversetzt neben dem Grab der Zwillings-Kolumbarien. Das Grabmal ist teilweise unterirdisch angelegt, mit einem Tonnengewölbe als Decke. An Wänden waren die Urnen untergebracht. Aus den Inschriften geht hervor, dass es der Familie Ovii gehörte.

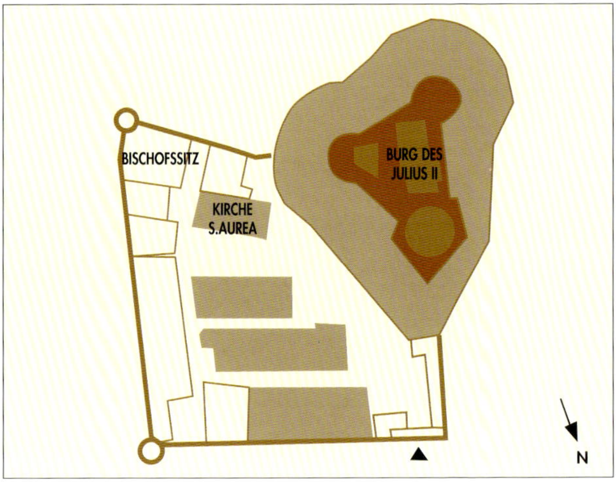

Das kleine Dorf ist ein gutes Beispiel für die Renaissance-Architektur, die dort sehr gut erhalten ist. Es wurde wahrscheinlich im 4. Jh. gegründet, als an der Küste zahlreiche Kirchen zum Teil auch auf römischen Konstruktionen gebaut wurden. Die Kirche S.Aurea hatte von Anfang an eine gewisse Bedeutung, wenn man bedenkt, dass Ostia 313 zum Bischofssitz wurde. Der Bischof hatte so wichtige Befugnisse wie z.B. die Papstkrönung inne. Aus bisher ungeklärten Gründen wurde die Diözese Ostia im Jahre 1150 mit dem Bistum Velletri zusammengelegt, verlor aber dadurch nicht seine Bedeutung. In den folgenden Jahrhunderten wurden mehrere Bischöfe von Ostia zum Papst gewählt.

Im Mittelalter kam der Tibermündung bei Ostia eine wichtige wirtschaftliche Funktion dank der Salinen zu (siehe S.3). Als die Araber im Jahre 827 Sizilien eroberten, ließ Papst Gregorius IV eine Zitadelle zur Verteidigung der Tibermündung erbauen, die nach ihm Gregoriopoli genannt wurde. Sie entstand in der Nähe der Flusswindung, wo dann später das Renaissance-Dorf entstehen sollte.

Als die Päpste sich im 14. Jahrhundert ins Exil nach Avignon flüchteten, verließen viele Einwohner die Stadt. Papst Gregorius (1370-1378), der bei seiner Rückkehr aus Avignon in Ostia landete, fand eine befestigte aber halb verlassene Ortschaft vor. Später ließ Martin V. (1417-31) einen neuen, runden Verteidigungsturm errichten, der heute zum Wahrzeichen dieses Ortes geworden ist.

Das Zentrum des kleinen Dorfes wurde dann unter dem Kardinal Guglielmo D'Estouteville erweitert. Dieser hatte von 1461 bis 1483 den Bischofssitz in Ostia inne und strebte danach, Papst zu werden. Er

Eingang in das Dorf

veranlasste den Bau von drei Reihen nebeneinander liegenden Häusern, restaurierte die Mauern und ließ dort an vielen Stellen sein Wappen anbringen.

Häuserreihe im Dorf

Die Arbeiten zur Befestigung der Tibermündung erreichten zwischen 1483 und 1486 ihren Höhepunkt.

In dieser Zeit entstand um den von Martin V. erbauten Turm eine Burg und eine Kirche auf Geheiß des Kardinals Giuliano della Rovere, der unter dem Julius II. später Papst wurde. Der Architekt war vermutlich Baccio Pontelli aus Florenz. Die Festung weist einen dreieckigen Grundriss auf mit zwei Rundtürmen und einem fünfeckigen Bollwerk in Richtung Fluss. Diese Anlage fand in der ebenen Geländeform eine günstige Voraussetzung, um eine 360° Verteidigung zu gewährleisten.

Die Burg ist in der Tat ein interessantes Beispiel für Festungsanlagen aus der sogenannten Übergangszeit, als neben den tradizionellen mittelalterlichen Waffen (Armbrust, Bombarden) langsam die neuen Feuerwaffen aufkamen.

Wenige Jahrzehnte später, im Jahre 1557, änderte ein einschneidendes Ereignis plötzlich die Geschichte des Dorfes. In einer Novembernacht änderte der Tiber auf Grund eines Hochwassers sein Flussbett. Die Flusswindung, an deren Ufer die Burg erbaut worden war, trocknete aus.

Tür und Fenster eines Wohnhauses

Von diesem Moment an, befand sich die Festung plötzlich etwa 1,5 Kilometer vom Fluss entfernt und verlor somit ihre Funktion als Verteidigungsanlage.

In dieser Zeit begann der Niedergang des gesamten Gebietes um Ostia, auch wenn einige mächtige römische Familien wie die Chigi oder Rospigliosi dort Villen errichten ließen. Das Dorf verfiel langsam, viele Häuser wurden als Ställe oder Heuschuppen genutzt.

Das gesamte Gebiet versumpfte und wurde erst Ende des XIX Jahrhunderts trockengelegt, als der Papst 1884 fünfhundert Landarbeiter aus der Romagna kommen ließ, die unter Leitung von Nullo Baldini an der Urbarmachung des Gebietes arbeiteten. Sie organisierten sich in vielleicht der ersten Genossenschaft Italiens und fingen an, das gesamte Gebiet trockenzulegen.

Haustür

Das Wasser wurde in heute noch funktionierende Kanäle umgeleitet, die als Abfluss dienen. Ein Schild an der Mauer des Dorfes an der Seite der Hauptstraße, erinnert an dieses für den Ort so wichtige Ereigniss.

Kirche S. Aurea

Wappen des Kardinals Della Rovere

Steintafel der Heiligen Aurea

Die einschiffige Kirche wurde auf frühchristlichen Präexistenzen erbaut und ist der Märtyrerin Santa Aurea geweiht, die in der Nähe den Märtyrertod gestorben sein soll. Unter Kardinal D'Estouteville wurde mit dem Bau der Kirche begonnen, der dann von dem Kardinal Giuliano delle Rovere in den ersten Jahren seiner Amtszeit forgeführt wurde. Viele der Wappen auf der Fassade stellen eine Eiche mit einem Kardinalshut dar. In den ersten zwanzig Jahren des 16. Jahrhunderts wurden die Sakristei und der Glockenturm errichtet. Man beachte besonders, auf welche elegante Weise die unterschiedlichen Materialien eingesetzt wurden. Die tragenden Bauelemente wie die Halbpfeiler auf Sockeln, das Gebälk und das Gesims des Giebels sind aus Travertinstein, die übrigen Teile sind mit Ziegelsteinen aufgefüllt. Einige gotische Elemente sind erhalten, wie z.B. die zweibögigen Fenster und die Fensterrose in der Fassade. Auf der Spitze des Giebels ist eine steinernen Eichel angebracht (Rovere = Eiche, im Italienischen, folglich Symbol des Kardinal Giuliano delle Rovere).

Das Innere der Kirche strahlt in seiner Schlichtheit Harmonie aus. An der Decke sieht man die Wappen des D'Estouteville, die Gemälde in der Absis stammen aus dem frühen 16. Jahrhundert, der Kandelaber ist aus älteren Teilen rekonstruiert worden. Auf der rechten Seite liegt eine Kapelle aus dem siebzehnten Jahrhundert. Hier sind zwei Gedenktafeln in der Wand eingemauert. Die erste erinnert an die Heilige Monika, Mutter S.Agostinos, die 408 in Ostia gestorben sein soll. Die zweite ist der Abdruck einer Tafel mit der Inschrift CHRYSE (griechischer Name der Aurea) vermutlich im Gedenken an die Heilige, die in der Nähe begraben liegt.

der Bischofsitz

Bischofsitz

In einigen Zimmern des Bischofsitzes findet man interessante Fresken.
Diese sind schon 1568 von Giorgio Vasari erwähnt worden und 1977 vom damaligen Priester Geremia Sangiorgi wiederentdeckt worden.
Man schreibt sie dem Maler und Architekten Baldassare Peruzzi (1481-1536) aus Siena zu und Cesare da Sesto, einem Schüler von Leonardo da Vinci und Domenico Beccafumi. Die Fresken waren lange Zeit in Vergessenheit geraten. Bei Umbauten und der Umwandlung der Räume im Laufe des siebzehnten Jahrhundert in ein Lazarett, waren die Wände mit weißer Farbe übertüncht worden.
Auf den Architraven der Fenster und Türen sowie an den Rändern der Malereien findet man Wappen, die an den Namen des Auftraggebers erinnern: Kardinal Raffaele Riario, Neffe des Papstes Julius II., von diesem 1511 zum Bischof von Ostia ernannt.
Er ließ das alte Gebäude auf der Rückseite der Kirche restaurieren und erweiterte es in Richtung der Kirche S.Aurea. Die Inschrift R/EPS/OSTIEN/CAR/S.GEO/SRE/CAMER erinnert daran, dass Riario auch Kardinal der Kirche San Georgio und Kammerherr der Heiligen Römischen Kirche war. Die Malereien sind von Lisenen in Vierecke eingeteilt und mit dem klassischen Motiv des Kandelabers verziert.
Die einfarbigen Szenen ahmen antike Reliefs wie das der Trajan-Säule in Rom nach. Das Ganze hatte vielleicht einen propagandistischen Hintergrund. Wie der römische Herrscher das Barbarenvolk der Daken, die Einwohner des heutigen Rumänien, unterworfen habe, so sollte das Heer des Papstes die ausländische Armee des französischen Königs Ludwig XIII besiegen.
Beachtenswert ist die Szene der Beisetzung des Herrschers Trajan. Diese ist auf der berühmten Säule nicht dargestellt. Man schreibt sie dem Manierist Beccafumi zu.

Die älteste Burganlage wurde unter Papst Martino V Colonna (1417-31) erbaut. In jener Zeit herrschte in Rom eine rege Bautätigkeit. In deren Zuge wurde die Küste nach etwa hundert Jahren des Niedergangs, verursacht durch das Avignoner Schisma, mit Befestigungsanlagen versehen. Es handelte sich dabei um einen hohen Turm, der noch heute aus der Burganlage hervorragt und schon von Papst Pius II Piccolomini in seinen „Commentarii" (1461) als „excelsam et rotundam" erwähnt wird. Der dreistöckige Turm ist 22,30 m hoch und hat einen Durchmesser von 14 Metern.

Die Festung

Im Untergeschoss befinden sich ein Ofen und eine Mühle, die heute halb unterirdisch liegen aber noch erkennbar sind. Es wird angenommen, dass der Turm an der vierten Ecke des auf einer viereckigen Fläche angelegten Dorfes steht, das schon früher drei zylindrische Türme besessen habe.

Der Bau der eindrucksvollen Festung wurde allerdings vom Kardinal Giuliano della Rovere in Auftrag gegeben. Er war von 1438 bis 1503 Bischof von Ostia und wurde dann zum Papst unter dem Namen Julius II gewählt).

Die Pläne stammen wahrscheinlich vom Architekten Baccio Pontelli aus Florenz. Die Festungsanlage hat einen dreieckigen Grundriss mit jeweils einem Turm an jeder Ecke. Zwei runde Türme liegen der Stadt zugewandt, während ein fünfeckiger Turm, der um den älteren Turm des Martino V. herum gebaut ist, auf den Fluss zeigte. Von dort fürchtete man besonders massive Angriffe.

Das Außenwerk

Diese Festung ist ein Beispiel für ein wichtiges Kapitel in der Geschichte der Burganlagen in Italien, da hier zum ersten Mal neben den typischen Elemente der mittelalterlichen Burgen wie Pechnasen, von denen Pfeile abschossen oder siedendes Öl hinabgegossen wurde, dem Außenwerk und dem befestigten Burgeingang geeignete Strukturen zur Verteidigung gegen Feuerwaffen auftauchen, die in Italien Mitte des 15. Jh. eingeführt wurden.

Die wichtigsten neuen Bauelemente sind: 1) Zylinderförmige, fünf-

eckige Schutzwälle. Sie wurden absichtlich in dieser Form erbaut, um den tödlichen Eisengeschützen möglichst wenig senkrechte Angriffsfläche zu bieten.
Trafen die Geschosse diagonal auf die Mauern auf, prallten viele davon zurück. 2) Ein Burggraben mit Böschung (eine schiefe Wand am Fundament des Bauwerkes), der die gesamte Festungsanlage umgab. 3) Niedrige Türme, um den Kanonenkugeln wenig Angriffsfläche zu bieten, eine Terrasse an der Spitze des Turmes ermöglichte den Soldaten, sich schnell von einer Seite auf die andere zu bewegen. 4) Mauerzacken zum besseren Schutz vor den Geschossen der neuen Waffen (die heute zu sehenden Mauerzacken sind ein Restaurierungsfehler aus den 40er Jahren des Architekten Italo Gismondi) 5) Kasematten, d.h Räume entlang der Außenmauern der Festung, aus denen Flachschüsse abgefeuert wurden. Man tritt durch das Außenwerk in die Burg ein. Dieses hatte einen sechseckigen Grundriss, der Eingang war leicht versetzt zum eigentlichen Burgtor. Da Außenwerk diente so als eine kleine unabhängige Festung mit Mauerzacken und Kasematten. Man kommt von dort aus an ein sehr hübsches Portal im Renaissance-Stil mit der folgenden Inschrift:

IUL (ianus) SAONENSIS EPISC (opus)
CARDINALIS OSTIENSIS FUNDAVIT
BACCIO PONTELLO FLORENT ARCHITECTO

Genaue Nachforschungen wurden über den Satz (Der Kardinal Giuliano von Savona, Bischof von Ostia gründete (die Burg), ein Werk des florentinischen Architekten Baccio Pontelli) angestellt, die dazu beitrugen, dieses Bauwerk dem Werk des toskanischen Künstlers zuzuschreiben. In der Türschwelle kann man außerdem lesen:

CUSTOS FIDE, CAVETO DOLIS
SPES IN ARCE: SOVITO METUM

Dies kann man folgendermaßen übersetzen: Treuer Wächter hüte dich vor List und Betrug, die Hoffnung liegt in der Burg, befreie dich von der Furcht.
Von hier kommt man durch ein auf der gleichen Linie liegendes Tor

Turm des Martin V und fünfeckiges Bollwerk

Süd-Bastion der Festung

Wappen der Festung

in einen Hof mit trapezförmigen Grundriss. Hier kann man römische Sarkophage von den Ausgrabungen in Ostia Antica sehen, einen Brunnen mit dem Wappen des Kardinals Giuliano della Rovere sowie viele Steinkugeln, Reste der Schlachten aus dem 16. Jahrhundert. Auf den Wänden sieht man noch Spuren der Basis für die Fresken, die die gesamte Fläche der Innenwände des Hofes bedeckt haben müssen, heute aber leider nicht mehr erhalten sind.

Vom Hof aus tritt man durch die Tür rechts vom Eingang. Sie trägt das Wappen des Kardinals Giuliano, der dann Papst Julius II. (1503-1513) wurde. Über einen Treppe, die man auch zu Pferde hinaufreiten konnte, gelangt man in die päpstlichen Gemächer. Die Deckengemälde stammen aus der Schule des Baldassarre Peruzzi, ein berühmter sienesischer Maler aus dem 16. Jahrhundert. Über dem Eingang in die Gemächer sowie über dem Kamin kann man das Wappen des Papstes Paolo III. Farnese (1534-49) sehen.

Man steigt dann über eine schmale Treppe zur Aussichtsplattform empor, von der aus man einen guten Blick über die kleine Ortschaft hat.

Wenn man am fünfeckigen Schutzwall entlanggeht, erkennt man gut die Wappen.

Sie sind am Wachturm an der Stelle angebracht, wo früher der Tiber verlief (heute befindet sich dort die Straße). Man kann auch die Inschrift auf der unterhalb angebrachten Marmortafel lesen. Von rechts: Wappen des Martino V Colonna (1417-31), von links nach rechts: Wappen von Sixtus IV (1471-1484), von Innozenz VIII (1484-1492) und Julius II (1503-1513). Daraus läßt sich folgern, dass der Bau der Festung von Martino V. begonnen, unter Innozenz VIII und Sixtus IV weitergeführt und schließlich unter Julius II beendet wurde. Vermut-

lich wies das Wappen des letzteren zuerst einen Kardinalshut auf, der später in die Papstkrone umgeändert wurde.
Man geht nun zurück, überquert den trapezförmigen Hof und gelangt über eine Wendeltreppe in einen Gang, von dem die Kasematten, die die gesamte Festung umgeben, abgehen.
Aus diesen kleinen Räumen wurden die Flachschüsse abgefeuert. Der Grundriss hat die Form eines länglichen Sechsecks, die Decke besteht aus Tonnengewölben.
Die Kasematten sind ein charakteristisches Merkmal der Festung in Ostia. Die Öffnungen in dem Gang sorgten für Licht und Luft während der Schlachten. An den Grundmauern des Wachturms sieht man noch Reste eines antiken Ofens, dem zweiten in der Burg, der von dicken Mauern umgeben ist.

Die Festung von Julius II

Bemerkenswert ist außerdem innerhalb des süd-östlichen Schutzwalls (in Richtung Kirche) ein runder Raum mit konzentrischen Treppen, der von einem Gewölbe überspannt wird. Hier befand sich das päpstliche Bad.
Auch dies ist ein Zeichen für die wichtige Bedeutung dieser Burg, die der Papst oder die Kardinäle so einrichten ließen, dass sie sich bequem auch längere Zeit dort aufhalten konnten. Das zuvor erwähnte Bad ist einigen Experten zufolge eine Nachahmung der „calidaria" (Schwitzbad) in den römischen Thermen, von denen sich im nahen Ostia Antica noch Ende des 15. Jahrhunderts zahlreiche eindrucksvolle Beispiele fanden.
Wie schon erwähnt, verlor die Burg 1557, als der Tiber plötzlich sein Flussbett änderte, ihre Bedeutung als Verteidigungsanlage der Stadt Rom.
Als 1567 der Turm von San Michele vermutlich nach Plänen von Michelangelo erbaut wurde, fiel auch die Funktion als Zollstation weg. 1612 ließ Paolo II. den Kanal der rechten Tibermündung, den antiken trajanischen Graben, wieder öffnen.
Damit war der Niedergang Ostias entgültig besiegelt. In der Festungsanlage blieben nur einige wenige Einwohner, die in den Salinen oder als Fischer arbeiteten zurück. Im 19. Jahrhunder ließ Papst Pius IX. die Burganlage in ein Gefängnis umbauen. Die Festung wurde in der Nachkriegszeit unter Leitung des Architekten Italo Gismondi restauriert, der die Mauerzacken hinzufügen ließ und so der Burg ihr „mittelalterliches" Aussehen verlieh.

Römische Bautechniken

Opus quadratum Bei dieser Technik sind große Steinquader aus Tuff oder anderem Gestein in horrizontalen Reihen übereinandergeschichtet. Die Steinblöcke weisen ein Vielfaches des römischen Fußes (29,6 cm) auf.
In der Frühzeit (8. bis 7. Jh.) wurden sie trocken, d.h. ohne Mörtel aufeinander gesetzt und stützten sich durch ihr Gewicht.
In der Folgezeit wurden sie mit Eisen- und Bronzeklammern sowie ganz wenig Mörtel zusammengehalten. In Ostia findet man folgende Beispiele in opus quadratum: Die Mauer des „Castrum" aus dem 4. Jh. v.Chr., die Stadtmauer aus der sillanischen Epoche (1. Jh. v.Chr.).

Opus caementicum Ein Gemisch aus a) Kalksteinsplittern, b) Sand oder Puzzolanerde (Vulkanerde), c) Splittern aus Stein, Ziegelstein, Marmor oder Travertin. Das Ganze wurde vermischt und in Holzschalungen gegossen. Nachdem das Material sich verhärtet hatte, nahm man es aus der Form. Der Gebrauch des sehr widerstandsfähigen Materials war vom 3. Jh. v.Chr. an weit verbreitet für die Gestaltung der Mauerinnenseiten, da sich damit Kurven sowohl auf dem Boden als auch in der Höhe (Gewölbe und Kuppeln) verwirklichen ließen. In den verschiedenen Epochen wurde es auf unterschiedliche Arten verkleidet, wie in den folgenden Abschnitten dargestellt ist.

Opus incertum Die älteste Art, das Opus Caementium zu verkleiden. Es besteht aus pyramidenförmigen Tuffsteinblöcken mit unregelmäßiger Basis, die im Mörtel so angeordnet wurden, dass ihre Breitseite nach außen zeigte. Die Mauer wurde anschließend verputzt. Diese Mauertechnik war in der Zeit zwischen dem 2. Jh. v.Chr. bis zum 1. Jh. n.Chr. üblich. Beispiele in Ostia: Die Nordwand der Domus des Jupiter Fulminatore.

Opus quasi reticolatum Eine Übergangsform zwischen dem Opus Incertum und dem Opus Reticolatum. Die Tuffsteinquader sind regelmäßiger aber noch nicht perfekt angeordnet. Diese Technik wurde ab Ende des 2. Jh. v.Chr. bis zum 1. Jh. n.Chr. angewendet. Beispiele in Ostia: Die Sillanische Stadtmauer aus dem ersten Jahrhundert v.Chr..

Opus reticolatum Bei dieser Mauertechnik wurden pyramidenförmige Tuffsteine mit quadratischer Basis so angeordnet, dass die Spitze in den Mörtel getaucht wurde und die quadratische Basis im 45° Winkel zueinander angeordnet auf der Vorderseite ein Netzmuster bildeten. Die Ecken bestanden aus übereinandergefügten, rechteckigen Tuffsteinblöcken. Das Ganze wurde anschließend verputzt. Diese Bautechnik war ab Mitte des 1. Jh. v.Chr. bis Ende des 1. Jh. n.Chr. üblich, danach setzte sich langsam das Opus Mixtum durch.

Opus latericium (von lateres = an der Sonne gebrannten Ziegel oder Backsteine) Mauerwerk aus gepresster oder geglätteter Ziegelerde mit oder ohne Stroh und an der Sonne gebrannt (roher Ziegelstein). Diese Technik war schon in Mesopotamien bekannt und wurde von den Römern vom 2. Jh. v.Chr. an bis zur Zeit des Augustus (1. Jh. n.Chr.) verwendet. Danach setzten sich die im Brennofen gebrannten Ziegel durch.

Opus testaceum (auch Testecea Structura) Eine Verkleidung des Opus Caementicium mit im Ofen gebrannten Ziegelsteinen. Sie wurden in Dreiecke geschnitten und mit der Spitze in den Mörtel getaucht, so dass sie auf der Außenseite hypotenusenförmig angeordnet waren.
Das so entstandene Mauerwerk wurde manchmal unverkleidet belassen, wie es auch noch heute üblich ist. Manchmal wies es jedoch in regelmäßigen Abständen Löcher auf, in denen die Klammern der Marmorverkleidung verankert waren. Gelegentlich wurde dieses Mauerwerk auch verputzt. Gebräuchlich ab dem Zeitalter des Augustus wurde diese Technik in der Folgezeit nach und nach von dem Opus Vittatum abgelöst.

Opus mixtum Eine Verkleidung des Opus Caementicium bestehend aus Opus Reticolatum und Opus Latericium, wobei die letztere Technik in den Ecken angewendet wurde, um die Mauer seitlich zu verstärken und Bruchstellen an den Schräglinien vorzubeugen. Es war eine weitverbreitete Technik unter den Flaviern (ab circa 70 n.Chr.), unter Trajan (98-117) und Hadrian (117-138). Die Mauer wurde zum Abschluss verputzt.

Opus listatum oder vittatum (von Vitta = Binde). Verkleidung des Opus Caementicium bestehend aus der abwechselnden Übereinanderschichtung von Ziegelsteinen und Tuffsteinblöcken in horrizontalen Reihen. Manchmal wechselten sich zwei Reihen aus Ziegelsteinen und eine Reihe aus Tuffstein ab. Dieses sehr regelmäßige Mauerwerk wurde ab Antonius Pius (138-161) verwendet und setzte sich im 4. Jh. n.Chr. besonders unter Maxentius (306-312) und Konstantin (306-337) als die am meisten gebräuchlichste durch. Grund dafür war vielleicht die unzureichende Ziegelproduktion. Das Mauerwerk wurde zum Abschluss verputzt.

Ziegelstein-Siegel: Fabrikstempel auf Ziegeln und Backsteinen, verwendet vom 1. Jh. n.Chr. bis zur zeit Caracallas. Wenn der Ziegel nicht wiederverwendet wurde, lassen sich auf Grund dieser Stempel oft Rückschlüsse auf das Entstehungsdatum von Gebäuden ziehen.

GLOSSAR

BOLLWERK: ein von Stützmauern umgebener Erdwall, an den Eckpunkten der Festung von polygonaler Form, der zur Verteidigung diente.

CARDUS: Nord-Süd Straßenachse der römisch-antiken Stadt.

KASEMATTE: ein kleiner, meist sechseckiger Raum am Fusse der Festung, aus dem in Manneshöhe mit Kanonen oder Gewehren gefeuert wurde (= Flachschuss). Die Etymologie dieses Wortes ist unklar, es kommt entweder von „casa armata" (bewaffnetes Haus), „casa dei matti" (Narrenhaus), von dem Lärm, der durch die Explosionen im Inneren verursacht wurde oder von „casa di Marte"(Haus des Mars), nach dem Kriegsgott.

CASTRUM: ursprünglich römisches Militärlager mit einem rechteckigen Grundriss und zwei Hauptstraßen, dem Cardus und dem Decumanus die sich im rechten Winkel kreuzen. An dem Ort, wo sie sich kreuzten, lag das Forum, auf dem sich Tempel sowie andere öffentliche Gebäude befanden. Im weiteren Sinne versteht man unter diesem Begriff die Städte aus der republikanischen Epoche, die sich wie zum Beispiel Padua, Florenz und Ostia aus solchen Anlagen entwickelt haben.

CAUPONA: Antikes Wirtshaus

CELLA: Hauptraum des römischen oder griechischen Tempels, der nur den Priestern zugänglich war. Dort wurden die Götterstatuen aufbewahrt.

KONSTANTINKREUZ: Ein Kreuz, dem die griechischen Anfangsbuchstaben Christi XP ein-oder hinzugefügt werden.

DECUMANUS: der Decumanus war die zweite Straßnachse der römisch-antiken Stadt. Er schnitt den Cardus senkrecht von Westen nach Osten.

DOMUS: herrschaftliche, römische Villa. Die Zimmer waren um einen oder zwei Innenhöfe herum angeordnet.

FULLONICA: antike Wäscherei, in der man nicht nur wusch sondern auch färbte. Zum Bleichen verwendete man gern Urin, das in speziellen Becken oder großen Terrocotta-Gefäßen aufbewahrt wurde.

HORREA: Lagerhaus für Lebensmittel

INSULA: mehrstöckige Wohnanlagen, im Erdgeschoss befanden sich eingegliederte Läden.

LISENE: ein senkrechter, flach hervortretender Wandstreifen dekorativer Art mit Basis, Schaft und Kapitell.

NYPHÄUM: Monumentalbrunnen

SÄULENORDUNGEN: bezeichnet die Form der Säule und ihr Verhältnis zum Gesamtbauwerk.
Einige Theoretiker der Renaissance unterscheiden fünf verschiedene Ordnungen:

1-***DORISCHE S.:*** Entwickelte sich ab dem 7. Jh. v.Chr. in Griechenland auf dem Peleponnes und in der Magna Grecia (Süditalien). Die Säulen hatten keine Basis aber Kanelüren. Das Kapitell hatte einen Säulenwulst im unteren Teil und einen Abakus im oberen Teil. Das darüberliegende, horrizontale Bauelement (Gebälk) bestand aus einem glatten Epistyl, einem Fries mit vertikalen Kanelüren (Triglyphon) und behauenen Steintafeln (Metope). Das Ganze wurde von einem Kranzgesims abgeschlossen.

2-***IONISCHE S.:*** setzte sich im 6. Jh. v.Chr. in Kleinasien und Attika durch und wurde von

den Römern gern verwendet. Die Säulen hatten eine Basis und waren schlanker als die der dorischen Ordnung. Das Kapitell wies die typischen, nach unten zeigenden Voluten auf. Der Architrav war dreigeteilt und mit einem fortlaufenden Fries versehen.

3 - ***KORINTHISCHE S.***: stammte ursprünglich aus Griechenland (5.Jh.v.Chr.). Wurde von den Römern häufig verwendet. Säule und Gebälk ähneln der ionischen Säulenordnung, das Kapitell hat Akanthusblätter .

4-***TUSKISCHE S.***: schon von den Etruskern verwendet, später von den Römern. Eine vereinfachte Form der dorischen Ordnung, die Säule ohne Basis aber mit Kanneluren.

5-***KOMPOSITORDNUNG***: wurde von den Römern ab Ende des 1. Jh. n.Chr. verwendet. Das kunstvoll gearbeitete Kapitell besteht aus ionischen Voluten im oberen Teil und Akanthusblätter im unteren Teil. Das Gebälk gleicht der korinthischen Ordnung.

PARASTATA: flacher, tragender Wandpfeiler mit Basis, Schaft und Kapitell.

PRONAOS: eine kleine offene oder halboffene Vorhalle, die vor dem Eingang in die Cella des griechisch-römischen Tempels lag.

PROTHYRA: ein kleines Atrium mit Säulen, Bogen und/oder Giebel, das den Eingang einer Villa oder einer Kirche ziert.

TELLER: ein für die spätantike Epoche typisches architektonisches Element über dem Kapitell, das die Säulen und den sich darüber befindlichen Bogen streckte.

RESTAURIERUNG: Arbeiten, die zur Erhaltung der Fundstücke durchgeführt werden. In Ostia hat man im Zuge der Restaurierungen teilweise die fehlenden Stellen in den Mauern ergänzt (dabei wurde die gleiche Mauertechnik verwendet, die hinzugefügten Teile aber um circa einen Zentimeter zurückgesetzt). Die Mauerabschlüsse aus einem speziellen Tonkonglomerat ermöglichen den Abfluss des Regenwassers.

AUSSENWERK: (aus dem lat. „revellere" = abtrennen), bezeichnet eine kleine Festungsanlage außerhalb des Mauerringes. Es hatte seinerseits Mauerzacken sowie Kasematten und diente zur Verteidigung des Haupteingangs in die Burg.

BÖSCHUNG: eine Schrägmauer, die sich am Fusse der Festung befand und an der die Geschütze leichter als an geraden Mauern abprallten.

SUSPENSURA: ein auf Ziegelstein-Pfeilern schwebender Fußboden. In den Thermen zur Beheizung der Räume, in Lagerhausern zur Belüftung der gelagerten Lebensmittel.

TABERNA: Ladenlokal oder kleine Handwerkstatt.

THERMOPOLIUM: Wirtshaus, in dem Getränke und auch heiße Speisen verkauft wurden.

Inhaltsverzeichnis

Verzeichnis der Pläne

LITERATURVERZEICHNIS

E. ROCCHI, Le fonti storiche dell'architettura militare, Roma 1908.
G. TOMASSETTI, La Campagna romana antica, medioevale e moderna, Roma 1910.
D. VAGLIERI, Ostia, Cenni storici e guida, Roma 1914.
G. LUGLI - G. FILIBECK, Il Porto di Roma imperiale e l'agro portuense, Roma 1935.
G. CALZA - G. BECATTI - I. GISMONDI - G. DE ANGELIS D'OSSAT - H. BLOCH ed altri, Scavi di Ostia, voll. I -X, Roma 1953 /79.
C. CALZA, Una grandiosa impresa archeologica. La rinascita di Ostia Antica, Roma 1941.
M. FLORIANI SQUARCIAPINO - R. CALZA, Le necropoli. Scavi di Ostia, vol. III, Roma 1962.
M. FLORIANI SQUARCIAPINO, I culti orientali ad Ostia, Leiden 1962.
AA.VV., Mysteria Mithrae, (atti del seminario marzo 1978 a cura di U. BIANCHI), Roma 1979.
S. DANESI SQUARZINA - G. BORGHINI (Ausgabe und Bearbeitung), Il Borgo di Ostia da Sisto IV a Giulio II, Il Quattrocento a Roma e nel Lazio, catalogo della mostra, Roma 1981.
P. TESTINI, Archeologia cristiana, Roma 1980.
C. PAVOLINI, Ostia, Bari 1983.
C. PAVOLINI, La vita quotidiana a Ostia, Bari 1991.
M. A. RICCIARDI - V. S. M. SCRINARI (Ausgabe und Bearbeitung), La Civiltà dell'Acqua in Ostia Antica, voll. I e II, Roma 1996.

bearbeitet und herausgegeben von
ATS Italia Editrice - Roma
Via Francesco Sivori, 6 - tel. e fax 0639726079-0639726080
www.atsitaliaeditrice.it

Autor
Sonia Gallico
Redaktion und technische Leitung
Frida Giannini
Grafik und Umbruch
Ats Italia Editrice (Roberta Belli)
Karthographie
Ats Italia Editrice (Sabrina Moroni)
Photolitographie
Scriba - Firenze
Druck
Papergraf - Padova
Fotografien
Archiv ATS Italia Editrice (G. Bocchieri - F. Borra - M. Cirilli - G. Cozzi)
Archiv Scala
Übersetzung
Katrin Gigling

ISBN 88-87654-26-3